Alessandro Bellafiore

Piccola guida alla conservazione e all'uso dei dischi a 78 giri

ISBN 978-1-84753-706-5

Indice

Introduzione

Lo scopo di questo lavoro è quello di offrire, a chi vi si avvicina per la prima volta, una rapida guida per conoscere il mondo affascinante dei dischi a 78 giri e, a chi già li ama, informazioni più approfondite sulle possibilità di datazione, conservazione, pulizia e riproduzione di questi documenti sonori.

Il testo offre:

- una panoramica sulle problematiche che interessano la conservazione del disco e dei primi suggerimenti sulle misure da adottare;
- le modalità, gli strumenti e le sostanze per mantenere puliti i dischi;
- una riflessione sull'evoluzione dell'equalizzazione delle incisioni elettriche; i motivi che hanno portato all'adozione delle curve di equalizzazione e suggerimenti su come usare le curve proposte in appendice;
- una serie di proposte per la riproduzione: puntine, testine, giradischi, preamplificatori, equalizzatori, denoiser nonché alcuni utili suggerimenti: ad esempio come cablare una testina stereofonica per la riproduzione di dischi monofonici ad incisione orizzontale o verticale;
- una riflessione dedicata al fondamentale problema della corretta velocità di rotazione dei dischi.

Le informazioni presentate permettono poi di elaborare posizioni individuali e acquisire conoscenze basilari nella scelta tra le apparecchiature disponibili commercio.

In appendice al volume sono riportate un gran numero di curve di equalizzazione divise per etichette; per le maggiori etichette si cerca anche di seguire l'evoluzione storica delle curve di equalizzazione. Data la disomogeneità delle fonti per alcune etichette, per alcuni periodi, si sono riportate più curve per permettere ai lettori di scegliere ed ottenere così il risultato migliore e affinare il proprio senso critico.

È bene specificare qui che il riferimento a marche, prodotti e siti non è vincolato da alcun interesse personale né gravato da alcuna volontà promozionale; ha il solo scopo di volere offrire un, seppur succinto, panorama dell'esistente. Spetta poi al lettore fare le sue scelte secondo il suo giudizio.

Tra gli obiettivi del presente volume non rientrano le pratiche e le tecniche per il re-mastering digitale e per il restauro, seppure si troveranno dei riferimenti alle apparecchiature e ad alcune aziende produttrici di hardware e software. Resta comunque da considerare che le osservazioni qui proposte possono essere ritenute fondamentali per un buon riversaggio.

Questo lavoro non pretende di essere esaustivo, data la mole incredibile di documentazione, fortunatamente, esistente, ma vuole essere un punto di partenza per un approccio più corretto a questi dischi storici, spesso ingiustamente denigrati o sminuiti, che, attraversando il tempo, hanno portato fino a noi testimonianze irripetibili di momenti storici, personalità e artisti che altrimenti non avremmo modo di conoscere.

In questo senso verranno trattati in modo vago ambiti estremamente specifici come gli Edison Diamond Disc e i dischi Pathé; l'attenzione si concentrerà essenzialmente sulla forma più diffusa del disco a 78 giri, cioè quella a incisione laterale monofonica stampata su una mescola a base di gommalacca.

La scelta di dedicare un lavoro a questo formato, ormai fuori produzione da quasi mezzo secolo, può sembrare fuori luogo e immotivata, ma è parere di chi scrive che non abbia senso rinunciare a ciò che questo formato ha raccolto della creatività umana in quasi 70 anni di vita. Settanta anni che arrivano molto più vicino a noi di quanto spesso non si pensi; in alcuni pesi infatti la produzione di dischi a 78 giri è continuata fin quasi alla metà degli anni '60! Si tratta del nostro passato recente, troppo recente per rinunciarvi.

Il sogno che sta dietro a tutto questo è che i dischi a 78 giri possano essere un oggetto fruito con attenzione ma anche con naturalezza e sincero godimento.

La speranza è che aumenti la consapevolezza circa la necessità di tutelare questo patrimonio informativo che, essendo eredità per il futuro, va trattato con i guanti (e questo è il primo consiglio).

Buona lettura

Alessandro Bellofiore

I. La produzione dei 78 giri

1.1 La produzione dei 78 giri

Il procedimento messo appunto per la produzione dei dischi a 78 giri è all'origine del moderno processo di stampaggio dei dischi in vinile e, sebbene alcuni fasi del procedimento siano cambiate e i macchinari utilizzati siano stati perfezionati, stupisce quanto sia rimasto simile a se stesso.

Nell'era dell'incisione acustica la registrazione del suono avveniva tramite la vibrazione di una punta d'incisione sollecitata, mediante un diaframma, dalla pressione della stessa onda sonora convogliata in un cono; tale punta incideva un solco, che era un'immagine le cui variazioni di forma erano analoghe a quelle di pressione dell'onda sonora, su una matrice in materiale ceroso.

Tale matrice, dopo essere stata pulita, era poi resa elettrostaticamente sensibile cospargendola con sostanze come la polvere di grafite, per essere sottoposta ad un processo galvanico che avrebbe depositato, sulla matrice stessa, un sottile strato metallico.

Seguiva poi un secondo bagno mediante il quale, sempre con un processo elettrolitico, era aumentato lo spessore dello strato che diveniva così sufficientemente rigido da essere staccato dalla matrice.

Il negativo ottenuto era poi lavorato e rifinito per ottenere stampi pronti per la produzione che avveniva per mezzo di piastre riscaldate all'interno delle quali erano fissati gli stampi delle due facce del disco (all'inizio la faccia incisa era solo una); si posizionavano poi le etichette e, dopo avere messo tra gli stampi una data quantità di composto si passava alla chiusura della pressa e allo stampaggio. La mescola per effetto della pressione e del calore prendeva la forma degli stampi e aderiva alle etichette.

Il disco era così pronto per essere utilizzato.

Con l'avvento dell'incisione elettrica il procedimento cambiò assai poco. Soprattutto nel primo periodo i dischi continuavano ad essere incisi sulle matrici, divenute in lacca, direttamente durante l'esecuzione con nessuna sostanziale possibilità di intervenire sul brano registrato o applicare correzioni; le curve d'equalizzazione per l'incisione erano applicate direttamente al segnale che transitava dal microfono alla testina d'incisione. Dall'incisione della matrice in poi il procedimento restava lo stesso.

Solo in seguito, col perfezionamento della registrazione su supporto magnetico, nacque veramente l'editing delle incisioni.

Il procedimento della produzione del vinile è analogo ma naturalmente le apparecchiature e i materiali sono differenti.

Più complessa era invece la produzione dei dischi 78 giri Columbia che al loro interno avevano un'anima in cartoncino, sistema adottato dal 1906 e chiamato Marconi Velvet Tone.

L'anima in carta dopo essere stata accuratamente asciugata e spianata, era cosparsa da un composto in polvere e poi stampata. La minore quantità di materiale plastico necessario faceva sì che la qualità di tale materiale potesse essere superiore con un significativo beneficio sulla riproduzione.

I dischi Edison, che in questo lavoro vengono trattati solo marginalmente, erano stampati su anime di materiali compressi sulle quali erano passate diverse mani di una soluzione di materie plastiche allo stato liquidocce veniva lasciato ad asciugare tra una mano e l'altra. Una volta che gli strati avevano raggiunto uno spessore sufficiente, si passava allo stampaggio, sempre a caldo e sotto pressione, del disco.

L'evoluzione più significativa nella formulazione dei composti dei 78 giri, piuttosto vari da produttore a produttore, fu la progressiva diminuzione delle dimensioni dei granuli di materiali abrasivi addizionati alla mescola; tale mutamento portò a un progressivo abbassamento del rumore di fondo dei dischi. Tali materiali abrasivi, concepiti per modellare nel corso di pochi giri la forma della puntina perché potesse meglio "calzare" il solco, portavano a un generale aumento della durezza della mescola.

In un testo assai interessante, *The Care and the Handling of Recorded Sound Materials*, Gilles St. Lauren porta alcuni esempi della composizione della mescola dei 78 giri, detti anche "shellac" (ovvero gommalacca), e degli Edison Diamond Disc, derivati da analisi chimiche di dischi d'epoca.

"Example 1

Shellac 13,5%; White filler (powdered Indiana limestone) 37,5%; Red filler (powdered Pennsylvania slate) 37,5%; Vinsol (type of plastic with low melting point) 8,5%; Congo Gum (flexible binder) 1%; Carbon Black (colorant for appearance) 1,5%; Zinc stearate (lubricant for mold release) 5%.

Example 2

Flake Shellac 15,63%; Congo Gum 6,51%; Vinsol Resin 5,86%; Carbon Black (low oil content) 2,61%; Zinc Stearate 0,32%; Withing (CaCO3) 52,13%; Aluminium Silicate 13,03%; Flock (long fibre) 3,91%."[1]

---

[1] Tratto da "The Care and the Handling of Recorded Sound Materials" di Gilles St. Lauren,

Si noti come la differenza tra le due formulazioni sia macroscopica.

"Edison Diamond Disc

[…]

[composizione dell'anima n.d.a]

Wood flour%; Modified ethyl alcohol (AKA ethynol)26%; Phenol formaldehyde (AKA Bakelite) 15%; Lampblack (the pigment) 1%.

The varnish, named *Edison condensite varnish* was made up of

Modified ethyl alcohol 55%; Phenol formaldehyde (63% phenol + 37% formaldehyde) 38%; Other, including «Shino», used to promote a gloss finish 7%"[2].

Queste formulazioni sono riportate solo a titolo esemplificativo per rendere la complessità operativa legata a supporti apparentemente simili ma in realtà molto diversi; cose, però, da tenere assolutamente presenti quando si conducano operazioni come la pulitura dei supporti.

Data la provenienza esotica della gommalacca (shellac) durante la seconda guerra mondiale negli Stati Uniti si cercarono soluzioni "autarchiche" per la produzione dei dischi. In quel contesto furono realizzati dei 78 giri in vinile pesante, ma, dato il gran peso esercitato dai pick-up dell'epoca, i dischi si rovinavano subito e l'idea venne abbandonata. In ogni caso i dischi di quegli anni hanno composizioni insolite e figurano tra i componenti anche materiali come la polvere di vetro.

Il vinile all'epoca era già in uso per la produzione di alcuni transcription disc; ma solo nell'immediato dopoguerra fu prodotto un nuovo formato destinato al pubblico di massa: il disco microsolco che, a 60 anni dalla sua nascita, continua a svolgere egregiamente la sua funzione.

National Library Of Canada.

[2] Idem.

1.2 La datazione dei 78 giri

Un problema che si pone assai di frequente, per non dire frequentissimo, è quello della datazione dei dischi; datazione necessaria per stabilire: il tipo di puntina da utilizzare; procedere alla sua catalogazione; scegliere l'equalizzazione più adatta.

Si tratta di una operazione tutt'altro che facile data l'enorme numero di etichette e le decine di migliaia di dischi prodotti a cui vanno aggiunte le ristampe.

Gli elementi utili per determinare la produzione di un disco sono: il numero della matrice, il numero di catalogo del disco, l'etichetta e le dimensioni del disco.

Alcuni caratteri come ad esempio la presenza di un tipo d'etichetta su un disco inciso da un solo lato ne determina l'età ponendo già un limite cronologico.

Esistono dei repertori di etichette che permettono di restringere a pochi anni il periodo di produzione del disco ma, dato che ogni casa usava le stesse etichette per un certo lasso di tempo e che in contemporanea erano in produzione più serie, si tratta di una datazione non definitiva, per quanto talora sufficiente.

Per una esatta datazione bisogna basarsi sui numeri di matrice e di catalogo; esistono dei volumi che raccolgono migliaia di tali numeri e consentono di stabilire la data corrispondente, ma tali repertori oltre a essere spesso di difficile reperibilità hanno costi estremamente elevati.

In rete esistono dei siti, aggiornati costantemente, sui quali gruppi di appassionati pubblicano il frutto del loro encomiabile lavoro di catalogazione e ricostruzione della cronologia di intere serie di dischi.

Non avrebbe senso tradurre su carta questi sterminati elenchi che diventerebbero, peraltro, subito superati; ma essendo la datazione dei dischi d'importanza basilare si rimanda ad alcuni dei siti qui indicati.

- http://www.vitaphone.org che offre informazioni sui dischi da dieci pollici della Victor, della Columbia e della Brunswick;
- http://wwwsys.informatik.fh-wiesbaden.de/weber1/hw eber.html sul quale sono disponibili informazioni sulla cronologia di circa una ventina di etichette;
- http://www.library.yale.edu/cataloging/music/78source s.htm dell'Università di Yale che è un eccellente punto di partenza per l'esplorazione di molti siti dedicati alla catalogazione e datazione dei dischi a 78 giri;
- http://www.tedstaunton.com/ interessantissimo sito sulle etichette dei dischi che permette di seguire l'evoluzione delle etichette di varie case e di stabilire approssimativi periodi di produzione;
- http://members.tripod.com/~Vinylville/faq-9.html, con un bel repertorio dedicato ai dischi Victor;
- http://settlet.fateback.com/ porta avanti un ampio progetto di catalogazione discografica.

Questo solo per citare alcuni dei moltissimi progetti esistenti per la catalogazione dei 78 giri. Volendo allargare le prospettive va detto che su questi siti si trovano anche utili risorse per la catalogazione del vinile.

Naturalmente gran parte del lavoro si concentra sulle case discografiche più rilevanti, tuttavia non mancano lavori su ambiti più ristretti e meno studiati, e pertanto ancora più preziosi, come, ad esempio, quello dell'archivio dei fondi del Finnish Institute of Recorded Sound.

Un altro strumento utilissimo che non va dimenticato, anche per il suo indiscutibile fascino, è costituito dai cataloghi d'epoca delle case discografiche.

Questi cataloghi abbracciano archi temporali molto brevi e se questo, da un lato, fa sì che per coprire lunghi periodi servano molti cataloghi, dall'altro costituisce un vantaggio perché se il vostro disco è su quel catalogo avete speranze di arrivare a una datazione molto precisa: anno e mese.

Il segreto dunque è l'integrazione tra le fonti disponibili, bibliografiche, sitografiche, e la documentazione dell'epoca.

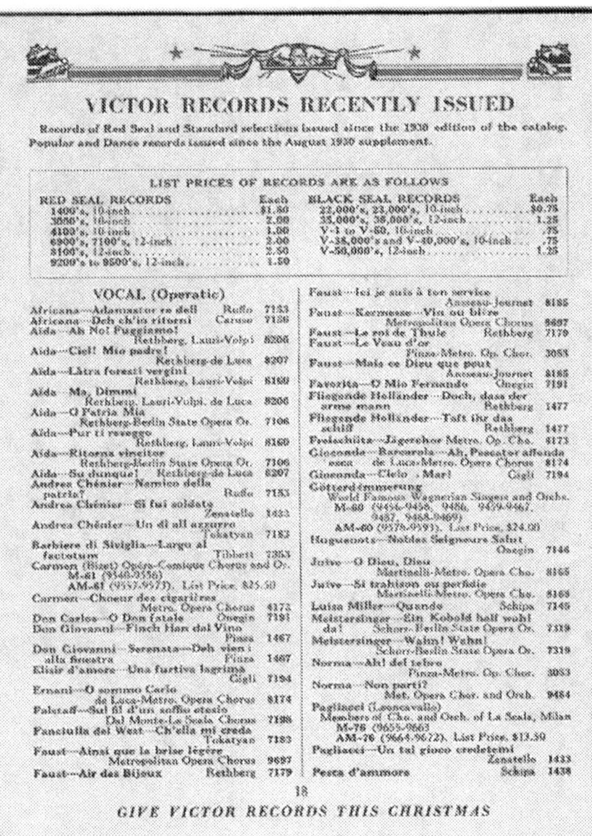

VICTOR RECORDS RECENTLY ISSUED

Records of Red Seal and Standard selections issued since the 1930 edition of the catalog.
Popular and Dance records issued since the August 1930 supplement.

LIST PRICES OF RECORDS ARE AS FOLLOWS

RED SEAL RECORDS	Each	BLACK SEAL RECORDS	Each
1400's, 10-inch	$1.80	22,000's, 23,000's, 10-inch	$0.75
3000's, 10-inch	2.00	35,000's, 36,000's, 12-inch	1.25
4100's, 10-inch	1.00	V-1 to V-80, 10-inch	.75
6900's, 7100's, 12-inch	2.00	V-38,000's and V-40,000's, 10-inch	.75
8100's, 12-inch	2.50	V-50,000's, 12-inch	1.25
9200's to 9500's, 12-inch	1.50		

VOCAL (Operatic)

Africana—Adamastor re dell — Ruffo 7183
Africana—Deh ch'io ritorni — Caruso 7136
Aida—Ah No! Fuggiamo!
   Rethberg, Lauri-Volpi 8206
Aida—Ciel! Mio padre!
   Rethberg-de Luca 8207
Aida—Làtra foresti vergini
   Rethberg, Lauri-Volpi 8180
Aida—Ma, Dimmi
   Rethberg, Lauri-Volpi, de Luca 8206
Aida—O Patria Mia
   Rethberg-Berlin State Opera Or. 7106
Aida—Pur ti reveggo
   Rethberg, Lauri-Volpi 8180
Aida—Ritorna vincitor
   Rethberg-Berlin State Opera Or. 7106
Aida—Su dunque! Rethberg-de Luca 8207
Andrea Chénier—Nemico della
   patria? — Ruffo 7183
Andrea Chénier—Si fui soldato
   Zenatello 1432
Andrea Chénier—Un dì all'azzurro
   Tokatyan 7182
Barbiere di Siviglia—Largo al
   factotum — Tibbett 7353
Carmen (Bizet) Opéra-Comique Chorus and Or.
   M-61 (9546-9556)
   AM-61 (9557-9573). List Price, $25.50
Carmen—Choeur des cigarières
   Metro. Opera Chorus 4173
Don Carlos—O Don fatale — Onegin 7191
Don Giovanni—Finch Han dal Vino
   Pinza 1467
Don Giovanni—Serenata—Deh vieni
   alla finestra — Pinza 1467
Elisir d'amore—Una furtiva lagrima
   Gigli 7194
Ernani—O sommo Carlo
   de Luca-Metro. Opera Chorus 8174
Falstaff—Sul fil d'un soffio etesio
   Dal Monte-La Scala Chorus 7198
Fanciulla del West—Ch'ella mi creda
   Tokatyan 7183
Faust—Ainsi que la brise légère
   Metropolitan Opera Chorus 9687
Faust—Air des Bijoux — Rethberg 7179

Faust—Ici je suis à ton service
   Ansseau-Journet 8185
Faust—Kermesse—Vin ou bière
   Metropolitan Opera Chorus 9687
Faust—Le roi de Thule — Rethberg 7179
Faust—Le Veau d'or
   Pinza-Metro. Op. Chor. 3083
Faust—Mais ce Dieu que peut
   Ansseau-Journet 8185
Favorita—O Mio Fernando — Onegin 7191
Fliegande Holländer—Doch, dass der
   arme mann — Rethberg 1477
Fliegande Holländer—Taft ihr das
   schiff — Rethberg 1477
Freischütz—Jägerchor Metro. Op. Cho. 8173
Gioconda—Barcarola—Ah, Pescator affonda
   esca — de Luca-Metro. Opera Chorus 8174
Gioconda—Cielo, Mar! — Gigli 7194
Götterdämmerung
   World Famous Wagnerian Singers and Orch.
   M-60 (9454-9456, 9486, 9429-9467,
   9487, 9488-9469)
   AM-60 (9576-9593). List Price, $24.00
Huguenots—Nobles Seigneurs Salut
   Onegin 7146
Juive—O Dieu, Dieu
   Martinelli-Metro. Opera Cho. 8165
Juive—Si trahison ou perfidie
   Martinelli-Metro. Opera Cho. 8165
Luisa Miller—Quando — Schipa 7149
Meistersinger—Ein Kobold half wahl
   da! — Schorr-Berlin State Opera Or. 7319
Meistersinger—Wahn! Wahn!
   Schorr-Berlin State Opera Or. 7319
Norma—Ah! del tebro
   Pinza-Metro. Op. Chor. 3083
Norma—Non parti?
   Met. Opera Chor. and Orch. 9484
Pagliacci (Leoncavallo)
   Members of Cho. and Orch. of La Scala, Milan
   M-76 (9655-9663)
   AM-76 (9664-9672). List Price, $13.50
Pagliacci—Un tal gioco credetemi
   Zenatello 1433
Pesca d'ammora — Schipa 1438

GIVE VICTOR RECORDS THIS CHRISTMAS

La copertina e una pagina interna del catalogo Victor del dicembre 1930. Già allora le feste natalizie venivano sfruttate ampiamente a scopo commerciale.

II. La conservazione dei 78 giri

2.1 Come conservare i 78 giri

La conservazione dei dischi a 78 giri richiede diverse attenzioni. Attenzioni dovute alla natura organica di alcuni dei materiali impiegati nella loro fabbricazione, alla estrema fragilità dei dischi in caso di flessione o urto, alla pesantezza dei dischi stessi e alle conseguenze che tali aspetti comportano.

Subito due importanti consigli per manipolare i dischi sono: utilizzare quanti di cotone per evitare di sporcarli col grasso della pelle; prendere i dischi con entrambe le mani reggendo i bordi con i pollici e mettendo le altre dita sotto l'etichetta, come se si reggesse un vassoio.

2.2 In che posizione conservare i 78 giri

Spesso per la mancanza di contenitori idonei, o per la difficoltà di far stare in posizione verticale oggetti così pesanti, capita di vedere dischi a 78 giri conservati in posizione orizzontale.

Del resto alcuni grammofoni d'epoca, anche di alta fascia, presentano degli scomparti interni porta dischi nei quali è possibile inserire i dischi solo in posizione orizzontale; cosa che potrebbe indurre in errate valutazioni apparentemente "filologiche".

Da un attento esame dei testi d'epoca, degli opuscoli e dei testi stampati sulle buste, spesso sintetica fonte di informazioni essenziali, già si nota come essi parlino di posizionamento verticale dei dischi.

Quella verticale è la posizione più indicata perché, avendo un migliore scarico del peso sulle varie parti del disco, si evitano le deformazioni che potrebbero derivare dalla posizione orizzontale.

Anche molti LP ondulati hanno un passato di conservazione orizzontale.

La posizione orizzontale, sottopone i dischi alla base della pila a una pressione eccessiva su tutta la superficie. In particolar modo, il sovrapporsi delle zone con le etichette, più spesse e pesanti, potrebbe portare alla deformazione dei dischi o, in casi particolarmente gravi, a rotture.

Inoltre, conservando i dischi in posizione orizzontale, la consultazione diviene estremamente disagevole e aumenta il rischio di strappare le buste dei dischi e danneggiare i dischi stessi, l'estrema fragilità dei quali non va mai dimenticata.

Per mantenere i dischi in posizione verticale, anche a scaffali non pieni, si possono utilizzare dei reggilibri in metallo, quelli in plastica il più delle volte periscono miseramente dopo poco.

Ideale sarebbe l'uso di quei reggilibri che si ancorano direttamente agli scaffali. Qualora si usassero quelli del tipo con un lato che s'inserisce sotto i libri sarebbe consigliabile cercare di isolare busta e disco dal reggilibro, ad esempio con un foglio di cartoncino spesso; altrimenti è alto il rischio di strappare le buste o danneggiare il bordo dei dischi.

Un importantissimo accorgimento, già documentato nei testi d'epoca, è quello di non mettere mai nello stesso contenitore, o semplicemente su uno scaffale, uno contro l'altro, dischi di diametro differente (ad esempio dischi da 10 e 12 pollici); l'ineguale pressione potrebbe portare a una deformazione dei dischi.

Se capitasse di dovere conservare per brevi periodi i dischi in orizzontale bisogna prestare attenzione a non alternare dischi di diametro diverso (ad esempio un disco da 12 pollici sopra uno da 10). In ogni caso, se proprio non si avesse modo di mantenere, seppure per poco tempo, i dischi in posizione verticale è bene creare diverse pile ognuna con pochissimi dischi; se i dischi fossero a questo punto sprovvisti di busta è necessario isolare la superficie dei singoli dischi per evitare ogni contatto.

È qui opportuno ricordare come le eventuali deformazioni dei dischi siano estremamente difficili, assai spesso impossibili, da correggere. Occorre quindi essere cauti nella loro conservazione.

2.3 Le buste dei 78 giri

Capita con una certa frequenza che i dischi abbiano perso la loro busta in carta, originale o meno che fosse, e questo costituisce una gravissimo rischio per la conservazione dei dischi.

Infatti, oltre alla facilità per la polvere e lo sporco di depositarsi sul disco e all'interno dei solchi, questo pone le basi perché possa verificarsi quella frizione tra la superficie di più dischi in contatto fra loro che procura gravissime abrasioni della superficie e conseguente deterioramento del disco e delle informazioni in esso contenute.

È dunque necessario separare dischi che possano trovarsi in tale situazione e ripristinare al più presto possibile le buste.

Il reperimento delle buste non è particolarmente difficoltoso per i dischi da 12 pollici, in quanto si possono generalmente utilizzare le buste in commercio per gli LP; più fastidioso il reperimento delle buste per i dischi da 10 pollici, tuttavia su siti dedicati, negozi on line e fiere specializzate ci sono buone possibilità di recuperarne.

Se poi possedeste dei rari dischi da 7 pollici, come dei dischi Berliner ad esempio, resta la possibilità di recuperare delle buste per dischi a 45 giri, e qualora non andassero bene, modificarle leggermente.

Tuttavia per dischi da 7 pollici o, ancora meglio da 14 pollici (!), probabilmente il valore dei dischi varrebbe un po' di creatività, idem qualora si fosse così fortunati da possedere dischi da 5 pollici.

Naturalmente è consigliato l'uso di carte non acide e l'impiego di collanti di provata delicatezza, ove non possibile evitarli del tutto.

Ma il discorso buste è ben lungi dall'essere esaurito, resta infatti la scelta del tipo di buste sulla quale esistono posizioni un po' controverse.

Consideriamo le due ipotesi: busta in carta o busta in polietilene.

I vantaggi della busta in carta sono la sua capacità di traspirare e forse una maggiore protezione della rigida e fragile superficie del disco. Tuttavia la carta col tempo produce del pulviscolo che insinuandosi nei solchi, può accumulare umidità ed essere facile terreno di coltura per muffe e funghi che non si farebbero scrupoli ad attaccare poi il disco.

La busta in polietilene ripara il disco dall'umidità esterna, non produce polvere ed è sicuramente meno soggetta ad attacchi batterici, ma, impedisce la traspirazione del disco e avendo uno spessore inferiore protegge meno il disco.

Bisogna qui dire che il problema dell'umidità va risolto intervenendo sulle sue cause. Infatti, se è vero che una busta in carta può assorbire l'umidità dell'ambiente questo non vuol dire che si possano custodire i 78 giri in un ambiente umido solo perché si utilizzano le buste in polietilene anche perché all'interno di queste potrebbe formarsi della condensa; è da tenere sempre presente che i dischi a 78 giri non devono in nessun caso essere conservati in ambienti umidi.

Che buste usare quindi.

Probabilmente la soluzione preferibile sarebbe utilizzar le buste di carta con l'interno in polietilene, oppure si potrebbero utilizzare le buste in polietilene inserendole poi in buste di cartoncino più spesso; le buste carta-polietilene vengono generalmente utilizzate come buste interne per gli LP e quelle in cartoncino di grammatura maggiore come buste esterne.

Questa soluzione ha i seguenti vantaggi: isolare il disco dall'esterno, non produrre pulviscolo a contatto con la superficie del disco, proteggere il disco; un grosso svantaggio di questo sistema è costituito dal notevole aumento dell'ingombro e del peso, problemi significativi che conosce bene chi colleziona LP e, a maggior ragione, 78 giri.

Una ultima notazione che mi sembra opportuna: una volta scelto un sistema di conservazione è sempre opportuno verificare eventuali interazioni tra i materiali utilizzati; infatti, come sa bene chi si occupa di conservazione di alcuni nastri o CD, le materie plastiche comunemente in uso sono assai meno stabili di ciò che si potrebbe ritenere e sperare.

Potrebbe essere opportuno sperimentare per un po' di tempo la nuova soluzione su un campione ristretto di dischi e vedere se esistono evidenti controindicazioni.

Dall'esperienza non si evince con chiarezza se i 78 risentano significativamente o meno del grado di acidità della carta con la quale sono fatte le buste; è comunque consigliabile utilizzare carta non acida, già solo per la sua durata nel tempo e per evitare le conseguenze della sua polverizzazione.

Una cosa sulla quale invece c'è un consenso unanime è che la carta non debba essere troppo porosa, questo per evitare che si accumuli polvere e che la carta assorba umidità.

È in ogni caso sconsigliabile scrivere sulle buste non potendo conoscere anticipatamente le reazioni innescabili dall'inchiostro; così come applicare etichette autoadesive.

Si può forse suggerire l'uso di etichette realizzate con carta non acida, scritte con un inchiostro neutro e applicate con colla di cellulosa.

2.4 I raccoglitori

Anche se inseriti nelle buste non è agevolissimo maneggiare i 78 giri, soprattutto se sono molti.

La ricerca di un disco può risultare piuttosto faticosa su uno scaffale pieno di dischi singoli. Le soluzioni sono diverse: o si procede alla creazione un ordinato database, cosa comunque utile, o si possono distribuire i dischi all'interno di raccoglitori tematici o numerati.

Possono sembrare suggerimenti superflui ma senza un ordine chiaro ogni ricerca potrebbe divenire snervante. Nella pubblicistica dell'epoca, nonché su molte buste, si trovano frequenti riferimenti ai raccoglitori a libro; cioè delle buste di carta piuttosto pesante, rilegate all'interno di una copertina rigida con un buon margine tra la rilegatura e il disco per evitare, sfogliando alla ricerca del disco desiderato, di spezzarne qualcuno. Alcuni di questi raccoglitori avevano una linguetta nella parte superiore di ogni busta per proteggere meglio il disco dalla polvere.

Tuttavia chi scrive non ha notizie di una produzione corrente di tale tipo di raccoglitori, che contenevano una dozzina di dischi, e per i quali, nei mercatini e nelle fiere, i collezionisti potrebbero ricorrere all'arma bianca.

Questi raccoglitori, la cui robusta rilegatura era rinforzata con listarelle di legno, hanno una loro praticità oltre a un gran fascino vintage.

Il recupero di tali raccoglitori, qualora fosse possibile, non sarebbe, di per sé, una risposta ai problemi di conservazione e fruizione dei dischi; infatti, ammesso che si riesca a trovarne a sufficienza, si dovrebbe verificare lo stato della rilegatura e l'integrità delle buste, spesso strappate lungo le piegature.

Ammesso, in ogni caso, che riusciate a trovarne in condizioni accettabili resta il dubbio che la carta possa avere cominciato il suo processo di polverizzazione, che il raccoglitore possa essere stato conservato in ambienti malsani, cantine e soffitte sono provenienze frequenti, e che quindi sia stato colonizzato da muffe e altri microrganismi.

In ogni caso, trovato un raccoglitore integro e ripulitolo approfonditamente, sarebbe il caso di riporvi i dischi solo dopo aversi inseriti in buste pulite, sempre che a questo punto entrino nelle buste del raccoglitore!

Riporre i 78 giri in cassette e consultarli spulciando come in uno schedario è probabilmente la soluzione peggiore. Nulla garantisce la posizione verticale dei dischi e, contemporaneamente, aumenta il rischio di spezzarli nella parte inferiore.

Una soluzione intermedia tra la scomodità e il rischio delle cassette e i raccoglitori a libro è costituita da un piccolo progetto di autocostruzione.

Si tratta di realizzare delle cartelline con legacci sui tre lati non chiusi, nelle misure adatte ai dischi da conservare; tali raccoglitori non proteggono i dischi dal pericolo della polvere che può insinuarsi dal lato aperto della busta e non consentono di *sfogliarli* come i raccoglitori a libro, ma hanno il vantaggio di protegger i dischi dagli urti, consentono di classificarli e di maneggiarli prendendone una piccola quantità per volta.

È sconsigliabile, in modo particolare per i dischi da 12 pollici, costruire raccoglitori troppo spessi: 10-12 dischi a 78 giri costituiscono un peso notevole da spostare nonché un grande stress per qualsiasi rilegatura e legaccio.

Un accorgimento utile, che si usino raccoglitori o cartelle, è quello di stare attenti che, ove il contenitore scelto non sia pieno, sia comunque assicurata la posizione perfettamente verticale dei dischi.

L'ideale poi, qualunque sia il metodo scelto, sarebbe chiudere tutto in un contenitore a prova di polvere e luce.

2.5 I problemi dei 78 giri

I dischi a 78 giri si sono rivelati, nel corso di ormai circa un secolo, un supporto relativamente stabile e duraturo, tuttavia la natura organica di molte componenti della mescola li rende soggetti a processi degenerativi.

La gommalacca (shellac), presente in quantità difficilmente superiori al 15%, in relazione alla qualità e alla lavorazione risulta è più o meno soggetta ad attacchi batterici; un pericolo costante e generalizzato è comunque costituito dall'eccessiva umidità.

Questa può innescare o almeno accelerare un processo di progressivo disgregamento della gommalacca che porta a una sua granulazione e perdita di coesione, con una duplice conseguenza: la qualità del segnale sonoro diminuisce progressivamente e ad ogni utilizzo, la puntina, esercitando una frizione, abrade la superficie incisa; questo fenomeno è identificabile dal fatto che, a fine riproduzione, si sarà accumulata una polvere nera finissima sulla puntina. Problema che implica evidentemente una grave alterazione del supporto.

Pare che tale fenomeno sia ascrivibile a una reazione innescatasi nel momento della produzione del disco: durante lo stampaggio la pressione e il calore facevano sì che le particelle di acqua e ammoniaca presenti fuoriuscissero; questo processo chimico portava la gommalacca ad aumentare la propria densità divenendo però più fragile, tale processo viene anche chiamato *condensazione* della gommalacca.

Azione che continua dallo stampaggio in poi e che fa concentrare la gommalacca in piccoli granuli; tale fenomeno può essere accelerato da una permanenza del disco in ambienti umidi o, peggio, caldo umidi.

Si tratta di un processo non reversibile ma che può essere rallentato ponendo il disco in una busta in polietilene e custodendolo in un ambiente più idoneo con una umidità molto bassa.

Particolarmente soggetti a granulazione risultano essere i dischi prodotti nel primo dopoguerra; taluni sostengono che tal fenomeno interessi principalmente i dischi Victor/La Voce del Padrone.

Altri problemi sono legati alla contaminazione da microrganismi quali, muffe, funghi, batteri; ove si riscontrassero tali problemi bisogna separare subito i dischi attaccati e i loro contenitori per evitare la contaminazione di altri dischi e, dopo un'approfondita pulitura, riporli in luoghi asciutti, in buste e contenitori puliti monitorandone lo stato.

Anche per dischi come quelli prodotti dalla Columbia, quali i *Marconi Velvet Tone*, e in generale i dischi con anima in cartoncino, va tenuto presente che, in caso di danneggiamento della superficie del disco, con conseguente esposizione all'aria, questo può essere soggetto ad attacchi batterici.

Un ultimo problema, ben noto a chi ha a che fare con i dischi a 78 giri, è costituito da quelle macchie biancastre particolarmente fastidiose e di difficile rimozione che sono legate ad attacchi di muffa o alla formazione di sottili strati di acido sulla superficie del disco. Non è chiaro se tale fenomeno sia dovuto alla presenza di particelle di ammoniaca o se si tratti di una sostanza analoga all'acido palmitico che si deposita sui dischi di acetato. La loro presenza è spesso permanente e i dischi che ne sono affetti andrebbero monitorati di frequente.

È pressoché impossibile indicare tutti i problemi che possono affliggere questi dischi, così come non esistono rimedi applicabili in tutti i casi, ciò a causa della lunghissima storia di tali supporti e della varietà delle mescole utilizzate per la produzione, nonché per la diversità dei processi produttivi medesimi.

La strategia migliore, per tutti i problemi citati, è naturalmente quella della prevenzione che si persegue con una idonea conservazione dei dischi.

2.6 L'ambiente in cui conservare i 78 giri

I dischi a 78 giri sono dei supporti stabili e duraturi, come dimostra il fatto che siano giunti fino ai giorni nostri e spesso si trovano dischi in condizioni molto lusinghiere in rapporto all'età.

Il miglior modo per mantenere in salute i dischi a 78 giri è quello di conservarli in un ambiente idoneo e in contenitori adeguati, dei quali si è gia parlato.

Vediamo ora quali sono le caratteristiche specifiche che tale ambiente deve avere.

Intanto dato il notevole peso di questi supporti è consigliabile per la loro conservazione utilizzare robusti scaffali in metallo, i quali hanno anche i vantaggi di essere ignifughi e non produrre particolato.

L'ambiente di conservazione dovrebbe avere una temperatura il più possibile costante compresa tra i 15 e i 20 gradi centigradi, procurando in ogni caso di evitare variazioni di temperatura maggiori a 2 gradi nell'arco di 24 ore.

Il tasso d'umidità relativa, che si è visto essere un elemento cruciale per la conservazione dei dischi e il rallentamento dei processi degenerativi, dovrebbe essere compreso tra il 20% e il 40% con una variazione che nell'arco di 24 ore non dovrebbe superare il 5%.

Ricordiamo qui che se l'ambiente di riproduzioni ha caratteristiche climatiche differenti da quello di stoccaggio il disco deve avere la possibilità di acclimatarsi gradualmente prima della stessa riproduzione.

Il locale nel quale sono conservati i dischi dovrebbe, inoltre, essere il meno possibile esposto alla luce e alla polvere.

2.6 Pulitura dei 78 giri

I dischi a 78 giri avendo alle spalle una lunga vita e condizioni di conservazione spesso non ottimali necessitano di approfondite operazioni di pulitura.

Essendo tali dischi strutturalmente e chimicamente differenti dai dischi in vinile è d'obbligo l'uso di prodotti differenti.

In primo luogo la presenza della gommalacca impone delle attenzioni fondamentali; infatti, tale materiale in base alla purificazione e alla lavorazione cui fu sottoposto risulta completamente solubile, parzialmente solubile o del tutto insolubile in alcool.

Naturalmente non essendo possibile sapere come sia stata lavorata la gommalacca di un dato disco, una regola condivisa per i dischi a 78 giri è quella di non portare a contatto con la loro superficie alcun tipo di alcool (ivi compresi l'alcol isopropilico, spesso contenuto in alcuni fluidi per la pulitura del vinile e le miscele di alcool etilico e metilico).

Altre sostanze il cui utilizzo va evitato sono l'ammoniaca e l'acetone.

Detto ciò che non va assolutamente utilizzato, è opportuno indicare cosa si può utilizzare. Data la composizione estremamente varia della quale si è già parlato, e quindi la parziale impossibilità di prevedere reazioni, la regola migliore è comunque quella di usare meno sostanze possibile e nella minore quantità possibile.

In commercio esistono diversi prodotti per la pulizia dei dischi, fluidi, spazzole, ecc; tuttavia solo alcuni di essi sono utilizzabili sui 78 giri.

In primo luogo per la pulizia quotidiana, legata al normale uso del disco, non vanno utilizzate le spazzole in fibra di carbonio, infatti tale materiale è troppo aggressivo per i 78 giri; vanno invece bene le tradizionali spazzole di velluto, badando che non siano bordate di fibra di carbonio, e ottimi sono anche quei rulli in gomma morbida (esempio quelli prodotti da

Nagaoka) la cui superficie insinuandosi nei solchi ne tira fuori la sporcizia, senza fregare la superficie del disco.

Sono qui mostrati i differenti strumenti per la pulizia: le spazzole in fibra di carbonio, da non usare sui 78 giri, quelle in velluto e i *rotolini* in gomma morbida (ad es. Nagaoka) che agiscono in modo delicato sul disco.

Per le operazioni di pulizia più approfondite, legate ad esempio alla prima pulitura di un disco appena acquisito (operazione sempre raccomandabile, anche per evitare eventuali contagi di muffe e affini sui dischi vicini), o in vista di un riversaggio, è utile procedere al lavaggio del disco con appositi prodotti.

Va raccomandato che in nessun caso vanno utilizzati prodotti non esplicitamente indicati per i 78 giri. È bene diffidare di prodotti universali, in quanto i diversi supporti sono strutturalmente del tutto differenti; in particolar modo non bisogna mai utilizzare prodotti concepiti per la pulizia dei dischi in vinile: tali prodotti infatti contengono sostanze alcoliche che rischierebbero di intaccare la gommalacca.

Esistono prodotti specifici per i 78 giri prodotti da aziende quali *Disc Doctor's Miracle* e *Nitty Gritty*. La prima offre anche un sistema di spazzole che ancorato al foro centrale consente una pulizia manuale del disco, la seconda è una produttrice di sofisticate macchine lavadischi con sistema di aspirazione dello sporco. Tali fluidi di pulizia possono essere utilizzati anche in modo più casalingo. Naturalmente la pulizia ottenuta utilizzando macchine specifiche è particolarmente approfondita.

Questi due esempi non pretendono di essere esaustivi del meglio dei prodotti disponibili, sono indicazioni di facile approfondimento, utili anche per farsi una idea del tipo di prodotti in commercio.

Esistono poi modalità di pulizia più da bricoleur ma abbastanza efficaci.

I prodotti impiegati sono detergenti di vario tipo generalmente diluiti in acqua distillata.

L'uso dell'acqua distillata è fondamentale poiché utilizzando acqua non distillata si rischierebbe la formazione nei solchi di incrostazioni di calcare e altri minerali.

Un fluido di pulizia può essere preparato utilizzando acqua distillata, magari appena leggermente tiepida, nella quale diluire pochissimo sapone neutro. Il sapone non deve contenere alcool, deve essere meno colorato possibile e privo di profumi.

Dopo avere disposto il disco su un piano d'appoggio solido e stabile, magari con della carta assorbente o un asciugamano pulito sotto, si può passare questa miscela sul disco con un pennello morbido, ma dalle setole non troppo lunghe, e, dopo averla lasciata qualche minuto per permetterle di ammorbidire lo sporco, percorrere col pennello, avanti e indietro, la superficie del disco seguendo i solchi.

È difficile immaginare la quantità di sporcizia che verrà fuori dal disco!

Uno strumento utile per togliere il grosso dello sporco sciolto dal liquido e per rimuovere la prima acqua (spesso sono necessari due passaggi) può essere una spugnetta morbidissima, ad esempio di quelle per struccare il viso.

Si procede poi nello stesso modo al risciacquo del disco.

Alcuni propongono di lavare il disco sotto il rubinetto, ma questa pratica ha diversi difetti: in primo luogo non avrebbe alcun senso lavare il disco con acqua distillata e poi sciacquarlo con acqua normale; in secondo luogo aumenta il rischio di bagnare l'etichetta.

L'etichetta, questo vale per qualsiasi operazione di lavaggio, non deve mai venire a contatto con i detergenti o con l'acqua.

Naturalmente nel corso del risciacquo è bene cambiare l'acqua non appena cominci ad essere carica di sapone.

È un lavoro che, se ben fatto, non richiede meno di 20-30 minuti per lato ma la precisione nella pulizia e l'accuratezza del risciacquo sono fondamentali.

Dopo di che si asciuga delicatamente il disco con un panno morbido di lino bianco, il lino è meno incline a lasciare pelucchi, e si dispone il disco ad asciugare per circa 24 ore.

Molti suggeriscono la posizione verticale per l'asciugatura; per questa operazione è meglio predisporre o acquistare, se ne trovano su internet, delle griglie, simili a scolapiatti, dentro cui fare asciugare i dischi.

Altri preferiscono lavare il disco un lato per volta è poi disporlo ad asciugare adagiato su un panno pulito con un altro panno leggero sopra per evitare il deposito di polvere.

Naturalmente la fase dell'asciugatura deve avvenire al riparo dalla polvere, salvo volere rifare tutto daccapo.

L'asciugatura è fondamentale, non bisogna *mai* riprodurre un disco bagnato o solo umido, pena il grave danneggiamento dello stesso.

Dall'esperienza di alcuni pare che diano dei buoni risultati prodotti come il Decon-90, un detergente usato in ambito clinico, in una soluzione al 3% con acqua distillata, da applicare con un panno di lino e poi risciacquare; tuttavia non avendo sperimentato direttamente, non è possibile dare un giudizio.

In ogni caso è da tenere presente che questi sono solo suggerimenti e, ove si decida di sperimentarli, è bene valutarne gli effetti su dischi meno importanti o già danneggiati.

Se non ci sente abbastanza sicuri da tentare ci si può sempre affidare a prodotti in commercio, possibilmente documentandosi, prima dell'acquisto, su esperienze altrui.

Per concludere si fa riferimento al già citato articolo di Gilles St. Lauren nel quale sono riassunte le formulazioni di alcuni fluidi per la pulizia dei dischi.

"Grooved discs are best cleaned using a record cleaning machine[…] using 0,25 part of Tergitol 15-S-3 and 0,25 parts of Tergitol 15-S-9 per 100 parts of distilled water. […] The discs must then be rinsed thoroughly with distilled water. Clean Vulcanite discs showing signs of acid build up using 0,25 part of Tergitol 15-S-3 and 0,25 parts of Tergitol 15-S-9 per 100 parts of distilled water and rinse thoroughly.

Clean acetate discs showing signs of palmitic acid deposits (white grasy substance on acetate disc surface) as if cleaning LPs, except ass 1 part ammonia per 100 to the Tergitol cleaning solution. Do not use ammonia on shellac based discs."[3]

Naturalmente dopo la pulizia vanno utilizzate delle buste pulite, pena il parziale annullamento del lavoro fatto; questo non è naturalmente un

---

[3] Tratto da "The Care and the Handling of Recorded Sound Materials" di Gilles St-Lauren, National Library Of Canada.

invito a eliminare le buste d'epoca, che costituiscono un patrimonio storico
e artistico di grandissimo interesse.

III. La riproduzione dei 78 giri

3.1 Considerazioni Generali

La riproduzione dei dischi a 78 giri pone una serie di problemi legati al supporto in sé, e alla sua evoluzione storica, nonché relativi alla disponibilità di apparecchiature idonee. Difficoltà, queste, generalmente comuni alla riproduzione dei formati storici.

Si cercherà qui brevemente di individuare i problemi più comuni e di indicare alcune possibili soluzioni atte a potere trarre da questi supporti, spesso ingiustamente denigrati, tutte le informazioni che sono in grado di darci e una qualità sonora spesso al di sopra di molte aspettative.

Va qui premesso che quanto segue è detto nella convinzione che sia preferibile migliorare il più possibile il livello della riproduzione in sé, pur fine a se stessa; anche con lo scopo del remastering si suggerisce di lavorare nel modo più *naturale* e accorto possibile in ambito analogico cercando di operare equalizzazioni e simili operazioni in un momento precedente alla digitalizzazione finale.

Questo vale ovviamente anche per la riproduzione del disco nell'uso "quotidiano" senza che segua un remastering, perché una delle idee guida di questo lavoro è rendere il 78 giri un supporto fruibile nelle normali abitudini di ascolto e fare sì che questo ascolto possa avvenire mantenendo il più possibile inalterate le caratteristiche totalmente analogiche di queste registrazioni e senza snaturarne le caratteristiche sonore, cosa che troppo spesso avviene nei remastering digitali.

A questo scopo, oltre a linee guida generali, verranno indicati a titolo di esempio alcuni prodotti e strumenti, tralasciando il software, che consentono concretamente di avvicinarsi a una ideale fruizione di questi straordinari documenti sonori.

3.2 La riproduzione acustica e la riproduzione elettrica

L'incisione in principio fu acustica e poi divenne elettrica, lo stesso cammino seguì la riproduzione dei dischi; dopo diversi decenni di riproduzione vibro-acustica del suono si passò all'impiego di pick up elettromagnetici.

Quale sistema utilizzare per riprodurre i dischi a 78 giri?

Una risposta filologica potrebbe suggerire l'impiego di tecnologie acustiche o elettriche a seconda della modalità di incisione del supporto. Questo, in una certa misura, il lavoro interessante che fa la Nimbus Records con la sua serie "Prima Voce".

È indubbio che la riproduzione acustica di incisioni acustiche abbia un grandissimo fascino e, con l'utilizzo di buoni apparecchi correttamente usati, può regalare emozioni e potenza espressiva che la riproduzione elettrica non sempre è in grado di rendere: infatti anche le distorsioni proprie di questa riproduzione, se rimangono entro certi limiti, possiedono un calore e una naturalezza che fa scattare qualcosa di nascosto nell'animo dell'ascoltatore.

Tuttavia la riproduzione acustica, che sarebbe comunque da limitare alle incisioni acustiche, ha diversi punti deboli:

- la distorsione della quale si è parlato (benché possa essere in parte arginata);

- l'utilizzo di puntine che esercitano un gran peso sul supporto determinandone l'usura;

- l'aumento del rumore derivante dall'attrito di una puntina che carica un peso molto alto.

Quindi nell'ottica della conservazione è preferibile sicuramente la riproduzione elettrica. Volendo provare talora l'esperienza della riproduzione acustica si possono prendere delle precauzioni quali l'utilizzo di testine particolarmente leggere e con un buon volume e l'uso di puntine in fibra anziché in metallo, che peraltro attenuano l'entità di certi disturbi oltre a ridurre l'usura.

In ogni caso sarebbe preferibile utilizzare grammofoni a tromba esterna che garantiscono per materiali e forma una migliore riproduzione, piuttosto che grammofoni portatili.

Per quanto riguarda il normale uso dei dischi a 78 giri non si può sottovalutare l'opportunità di utilizzare la riproduzione elettrica che, oltre a essere un più pratica, permette di sfruttare tutte le possibilità di resa sonora dei moderni impianti ad alta fedeltà, che permettono di gustare la straordinaria qualità di molte incisioni e apprezzare la potenza e il dettaglio di certe incisioni monofoniche.

Ovviamente la riproduzione elettrica necessita, per ottenere un risultato corretto, di una serie di accorgimenti e apparecchiature che verranno esaminate fra poco; intanto è bene affrontare alcuni problemi propri del formato che in una certa misura esulano dal tipo di riproduzione utilizzato.

Due testine per la riproduzione dei 78 giri: con diaframma in mica (in alto) che dà una buona qualità sonora anche se generalmente si trova in testine abbastanza pesanti; con diaframma in alluminio (in basso), installato in testine spesso assai più leggera ma più soggetto a certe distorsioni alle alte frequenze o ad alti volumi. A sinistra una scatolina di puntine in acciaio.

3.3 La velocità

Quello della velocità è senz'altro uno dei problemi più spinosi per la riproduzione dei dischi a 78 giri. Si cercheranno di vederne in primo luogo le cause e di indicare alcune possibili soluzioni.

Sui dischi si trova generalmente, quando presente, l'indicazione "78 giri": nulla di più fuorviante[4].

---

[4] All'inizio dell'era del disco le velocità variavano ampiamente tra i 65 e i 100 giri al minuto, raggiungendo anche i 120 per alcuni dischi Pathé. All'inizio del secolo la velocità si aggirava attorno ai 78 giri al minuto che costituivano un ragionevole compromesso tra durata del disco e qualità del suono, oltre a essere una velocità di lavoro consona ai motori con carica a molla. Col passaggio all'uso di motori elettrici, dai tardi anni '30, vi fu una spinta alla standardizzazione delle velocità. Il 78 giri, nominalmente, venne confermato come velocità standard essendo un compromesso tra le effettive velocità americana ed europea. Infatti i motori elettrici utilizzati all'epoca, in America, con la corrente a 60Hz giravano a 3600 giri al minuto ma in Europa, con la corrente a 50 Hz, la velocità di rotazione era di circa 3585. Così applicando, sia agli uni che agli altri, demoltipliche col rapporto 46:1 si ottenevano rotazioni rispettivamente di 78,26 giri al minuto in America e 77,92 in Europa.

La velocità di rivoluzione alla quale erano incise le matrici era raramente di 78 giri al minuto; pur essendo generalmente abbastanza costante per tutta l'incisione, grazie a sistemi di regolazione della velocità, come quello delle masse eccentriche che garantivano un moto abbastanza regolare, la variazione da disco a disco può essere notevole.

In certi casi i dischi prodotti in un dato periodo da una stessa etichetta avevano velocità di rotazione similari, ma non bisogna fare troppo affidamento su questo. È sufficiente che il disco sia stato inciso in un altro studio con un altro tornio o che il tornio stesso sia stato nuovamente tarato per rendere vana la speranza di ritrovare la stessa velocità.

Anche la velocità di riproduzione dei due lati di uno stesso disco può essere diversa.

La ricerca della giusta velocità, se da un lato può essere snervante, se presa con lo spirito giusto, può essere un motivo per interessanti sperimentazioni e eliminare uno dei tanti falsi preconcetti che affliggono il 78 giri.

Molti pensando ai dischi a 78 giri pensano subito a voci miagolanti, suoni distorti, soprani che squittiscono e tenori che sembrano cantare perennemente in falsetto; bene, tutte queste sono conseguenze dell'abitudine a dare per assodata una cosa che non lo è affatto e cioè che i 78 giri debbano girare a 78 giri!

Ma di quanto può variare la velocità dei 78 giri?

Dalle esperienze empiriche le velocità possono variare anche da 64 giri per minuto fino agli 85 giri per minuto con una variazione di oltre venti giri al minuto!

Se si considera che una variazione del 5% della velocità modifica già di un semitono l'altezza dei suoni siamo davanti a uno scostamento che può superare anche il 12% rispetto alla velocità nominale, con le conseguenze immaginabili.

Il problema diventa allora come determinare la corretta velocità.

Ci sono delle informazioni di carattere generale che però vanno prese con una certa cautela come ad esempio il sapere che molti dischi della seconda metà degli anni '20 della Columbia girino a circa 80 giri al minuto; si tratta però di indicazioni di massima che non devono imprigionare il senso critico.

Nella tabella di seguito sono riportati alcune velocità e alcuni *range* documentati nella produzione d'epoca. L'utilità di una stima come la seguente si limita, quasi, al solo fatto documentario.

Tabella riepilogativa di alcune velocità documentate	
Giri per minuto	**Tipo di disco**
60-86	Gran parte dei dischi acustici incisi prima del 1920
70	Primi Columbia acustici
71,29	Primi Victor e HMV acustici
76-76,59	Gran parte dei Victor acustici
80	Gran parte dei dischi Columbia
80-120	Molti dischi a incisione verticale e dischi Pathé
77,92	Incisioni elettriche europee con AC a 50 Hz
78,26	Incisioni elettriche americane con AC a 60 Hz

Tratta, con modifiche, da "Guida alla copia e al restauro dei documenti sonori" di Paolo Zavagna, Conservatorio "Cherubini" di Firenze, 2006.

Si potrebbe pensare di verificare che, nel caso di registrazioni musicali, l'altezza dei suoni sia quella indicata in partitura. Questo accorgimento non è sicuro: non è generalmente possibile sapere che diapason sia stato utilizzato per l'incisione; non sappiamo se il pezzo sia stato eseguito in un'altra tonalità; se brani vocali siano stati modificati per andare in contro alle esigenze dei cantanti.

La ricerca di una complessiva plausibilità del suono in sé resta un criterio utile seppure non definitivo.

Molti sostengono che non sia possibile individuare con certezza la velocità di rotazione dei dischi e tagliano corto, limitandosi, di fatto, a non cercare una soluzione al problema.

Un procedimento abbastanza pratico per determinare, con una certa approssimazione, la velocità di rotazione di un disco può essere quello di riprodurlo abbassando gradualmente la velocità di rotazione fino a notare che il suono si sta alterando; questo permette di stabilire un limite verso il basso.

Da lì si può risalire gradatamente cercando di cogliere se la timbrica degli strumenti sia abbastanza corretta e se la voce suoni naturale e piacevole; all'ascolto infatti è più facile percepire una rotazione troppo lenta piuttosto che una troppo veloce.

Nel primo caso il suono si deforma e diviene miagolante, nel secondo una velocità, leggermente, troppo alta può essere scambiata per una incisione dalle alte frequenze più brillanti e quindi passare inosservata.

Naturalmente non bisogna cadere nella tentazione di una ricerca eufonica a tutti i costi che potrebbe portare a modificare la velocità solo per adeguare l'incisione ai propri gusti.

Un elemento che può aiutare nel determinare la corretta velocità è la timbrica di alcuni strumenti a fiato quali oboi, clarinetti e fagotti; se la velocità è troppo bassa questi strumenti tendono ad avere un suono miagolante e sgradevole e ad avere dei vibrati che ricordano il suono dei grammofoni nel momento in cui la molla si scarichi o in generale stia perdendo velocità.

Al contrario, velocità troppo alte li fanno squittire in modo innaturale.

Nei pezzi per voce e piano, ma non solo, dopo avere fatto riferimento al timbro della voce, piccoli aggiustamenti si possono fare basandosi sulla timbrica del piano: se la velocità è troppo alta il suono assomiglia a quello un po' costipato e tintinnante di un pianoforte meccanico.

Naturalmente si tratta di criteri piuttosto arbitrari e basati sul gusto ma forse è meglio un piccolo errore accompagnato da un suono almeno godibile che attenersi troppo rigidamente a una velocità nominale, probabilmente non vera, accompagnata da un suono sgradevole.

Una esperienza personale di come una velocità corretta possa cambiare la percezione di una incisione è legata a un disco del soprano Toti Dal Monte, la cui voce avevo sempre trovato troppo penetrante e acuta; presa tra le mani una incisione su 78 giri di "Un bel dì vedremo" cercando la velocità giusta, ho constatato come la mia percezione della voce della cantante fosse stata influenzata dal fatto che nei riversaggi che avevo sentito era spesso riprodotta alla velocità sbagliata!

E posso dire che la *nuova* voce non era affatto male.

Per quanto mi riguarda ho anche avuto modo di notare, in particolar modo con le incisione acustiche, che quando ci si avvicina a una certa velocità si ha come la sensazione che il suono si riempia, in qualche modo trovi una compiutezza, una rotondità.

Da quanto fin qui detto emerge come la scelta della velocità sia un fatto determinato dall'esperienza e dall'abitudine alle sonorità proprie dei 78 giri. Del resto è sicuramente vero che il lavoro sui formati storici implica una certa dedizione, un'abitudine ed un esercizio del gusto dell'utilizzatore.

Mi sia qui concesso dire come in realtà sia proprio questo coinvolgimento uno dei fattori che rendono entusiasmante il lavoro su questi documenti.

Un ultimo suggerimento può essere quello di utilizzare un disco stroboscopico con diverse velocità o molti stroboscopi con singole velocità; questo per potere identificare numericamente la velocità adatta a ogni disco e potere evitare di cercarla a ogni ascolto.

È possibile realizzare da sé in modo molto economico questi utilissimi strumenti cercando piccoli software, disponibili liberamente su Internet come *strobo.exe* che permettono di generare è stampare lo stroboscopio per una data velocità avendo anche la possibilità di scegliere la frequenza tra 50 e 60 Hz; per l'Europa si deve ovviamente selezionare la frequenza 50 Hz.

3.4 Il fruscio

Uno degli elementi che motivano la criminalizzazione dei 78 giri e che li hanno fatti percepire come supporti di bassa qualità è la presenza del fruscio caratteristico di questo formato.

È indubbio che tale disturbo costante può risultare fastidioso e vale pertanto la pena di fare alcune osservazioni.

Il fruscio è composto da frequenti e brevissimi suoni impulsivi (clic) con una durata compresa tra i 0,002 ms e i 0,5 ms; tuttavia il fruscio dei dischi può essere "arricchito" da clic di durata maggiore, fino 1,5 ms. Conoscere la durata dei rumori impulsivi che compongono il fruscio può essere utili per tarare o disegnare apparecchiature per l'attenuazione del rumore o per usare filtri digitali.

Le cause del fruscio sono di due tipi: quelle proprie del supporto e quelle indotte dall'utilizzo o dal semplice deteriorarsi dei materiali; bisogna tenere conto, ove s'intenda operare un restauro, che il rumore originato dalla prima causa, seppure estraneo all'informazione che interessa, fa intrinsecamente parte del documento e della fruizione degli ascoltatori dell'epoca: bisogna quindi decidere se e come agire.

Le prime hanno a che fare con la struttura stessa del 78 giri che vede tra i suoi "ingredienti" delle sostanze abrasive; sostanze la cui presenza,come già detto, pare fosse dovuta alla volontà di far si che il disco potesse modellare la puntina, metallica o di fibra che essa fosse, perché questa s'adeguasse meglio alla forma e dimensione dei solchi. Questo spiega anche le raccomandazioni di usare una sola volta le puntine, suggerimento che per la riproduzione acustica rimane valido, sebbene dispendioso.

I granuli sono la principale causa di quel rumore secco, a larga banda, quasi di frittura che caratterizza i 78 giri (qualcuno lo definisce ironicamente "frying bacon"!).

La dimensione di questi granuli diminuì progressivamente nel corso del tempo riducendo l'importanza del fruscio o almeno spostandolo verso frequenze più alte, il che consente più agevolmente di arginarlo.

Capita anche che nello stesso momento storico i dischi di una stessa casa avessero granuli di dimensioni differenti a secondi della zona di produzione. A differenza di quanto si potrebbe pensare i dischi con granuli di dimensioni minori non venivano necessariamente stampati nei paesi più centrali geograficamente (leggasi Europa e Stati Uniti). Ad esempio, per i dischi His Master's Voice, talora, le copie più silenziose non sono quelle stampate in Inghilterra ma quelle stampate in Australia o in India. Finissimi granuli si trovano nelle buone stampe della British Columbia.

Un buon suggerimento può quindi essere scegliere di acquistare copie più silenziose, cosa più facile a dirsi che a farsi, dato che spesso non si ha la possibilità di scegliere o verificare. Altre volte ci si trova a lavorare su dischi che già si possiedono.

Il secondo tipo di fruscio è determinato dall'usura del disco dovuta alla pressione esercitata dalle testine acustiche con le loro voluminose puntine metalliche. Va anche detto che la controparte dell'attrito che doveva modellare la puntina era costituita dalle pareti del solco che finivano per essere danneggiate a loro volta.

Capita di vedere dischi particolarmente usurati i cui solchi sono stati slargati e scavati dalle molte riproduzioni, tali dischi hanno generalmente perso la loro lucentezza e hanno uno sgradevole colore grigiastro. Se a un esame visivo notate un disco in queste condizioni, potete essere ragionevolmente sicuri che la qualità del suono sarà abbastanza compromessa.

Se poi si è in presenza di una granulazione della gommalacca l'usura del disco accelera in modo drammatico e il livello del rumore si alza ulteriormente poiché a parità di contato con la superficie diminuisce sempre più la quantità di segnale integro.

Altri problemi possono affliggere in modo più macroscopico la superficie del disco come ad esempio i graffi che determinano i ben noti click o ancora abrasioni e deformazioni della superficie, dovute per esempio a una parziale frattura del disco, che determinano l'insorgere di un disturbo un po' "sfarfallante" dalla composizione in frequenze piuttosto variabile e che tende a interessare molte delle frequenze che compongono il segnale sonoro.

Anche nell'ottica del restauro, se per i click esistono filtri e software di interpolazione abbastanza efficienti, questo sfarfallio è di più ardua rimozione.

3.5 L'equalizzazione

Un altro grande problema della riproduzione dei dischi a 78 giri con i moderni impianti è determinato dal fatto che i 78 giri a incisione elettrica venivano realizzati con curve di equalizzazione differenti da quella in uso oggi.

Si parla di incisioni elettriche poiché le incisioni acustiche non erano ovviamente equalizzate e pertanto non avrebbe senso applicare una curva di equalizzazione in fase di riproduzione, benché alcuni incrementino progressivamente i bassi dai 300 Hz in giù per dare più corpo a queste frequenze di solito non ricchissime nei 78 giri; ma si tratta di un fatto di gusto personale: a rigore tali dischi non andrebbero equalizzati.

Con l'adozione dell'incisione elettrica aumentò gradualmente lo spettro delle frequenze presenti nelle registrazioni e questo cominciò a porre problemi in riproduzione.

Esistono due approcci teorici possibili: quello dell'incisione ad ampiezza costante e quello dell'incisione a velocità costante.

Nel primo approccio l'ampiezza del segnale è uguale a tutte le frequenze e questo comporta che a frequenze più alte la velocità alla quale la puntina percorre il solco aumenta progressivamente; questo perché la puntina fa un percorso che ha sempre la stessa ampiezza ma che deve essere percorso un numero crescente di volte al secondo. La velocità sale dunque a livelli che rendono il tracciamento estremamente difficoltoso. A ciò si aggiunge che il raggio di curvatura cambia e la puntina deve aumentare la sua velocità tracciando curve sempre più strette, fino a un limite, raggiunto il quale, la puntina, dopo un progressivo aumento della distorsione, esce dal solco.

Nel secondo approccio a rimanere invariata è la velocità alla quale la puntina percorre il solco.

Questo implica che alle basse frequenze per procedere a una data velocità dovendo seguire meno cicli al secondo bisogna "allungare" il percorso aumentando l'ampiezza, non potendo aumentare la velocità, e tale ampiezza va diminuendo man mano che si sposta verso le alte frequenze dato che il numero dei cicli al secondo cresce progressivamente. A primo acchito sembrerebbe che questo approccio sia esente da difficoltà ma così non è; infatti, sulle basse frequenze la maggiore ampiezza porta a distanziare i solchi per evitare che si sovrappongano, con una conseguente diminuzione della durata possibile della registrazione; alle alte frequenze l'ampiezza, ovvero il volume, del segnale scende a livelli tali che in fase di riproduzione sarebbe allo stesso livello o sarebbe sovrastato dal rumore di fondo.

Nelle prime registrazioni elettriche si adottò un criterio per il quale le basse frequenze erano incise ad ampiezza costante e le alte frequenze a velocità costante, il problema dell'eccessivo abbassamento del volume era qui eliminato dal fatto che il contenuto in alte frequenze fosse piuttosto limitato e, quindi, non si arrivasse all'insorgenza del problema appena citato; il punto nel quale si passa dal sistema dell'ampiezza costante a quello della velocità costante viene indicato col termine *turnover*.

Fin qui si è parlato solo di ampiezza costante e velocità costante, ma quando e perché venne introdotta l'equalizzazione?

Bisogna introdurre un altro elemento che è peculiare delle testine magnetiche. Esse sono sensibili alla velocità: la loro risposta in frequenza rimane costante solo in presenza di una velocità costante di tracciamento del solco. Per chiarezza potremmo dire che la variazione della risposta in frequenza della testina si traduce in un differente "volume" al quale vengono rese le singole frequenze.

Ora nel quadro che abbiamo appena tracciato per le alte frequenze che erano incise a velocità costante la risposta delle testine rimaneva costante ma per le basse frequenze, incise ad ampiezza costante, essa variava al variare della velocità.

L'equalizzazione, in questo caso, ha dunque lo scopo di correggere gli scostamenti, verso l'alto o il basso, del volume del segnale rispetto a un livello medio ideale.

Per questo si introdusse un innalzamento del volume delle basse frequenze che, avendo il suo valore massimo sulle più basse frequenze, dove la velocità era minore e quindi la risposta più bassa, decresceva progressivamente fino al punto di turnover in modo inversamente proporzionale all'aumento della velocità.

Raggiunto il punto di turnover, la curva di equalizzazione diveniva piatta dato che le alte frequenze erano incise a velocità costante.

Questa è la curva d'equalizzazione che si applica alle prime incisioni elettriche e il punto di turnover si situa attorno ai 250-300 Hz.

Quando con il miglioramento delle testine di incisione fu possibile estendere la gamma di frequenze verso l'alto, cosa consentita anche dal passaggio all'incisioni su matrici in *lacca*, fu necessario risolvere il problema dell'eccessivo abbassamento del volume dovuto al sistema della velocità costante.

Si optò allora per la seguente soluzione: i bassi continuarono a essere incisi ad ampiezza costante con l'incremento del volume sopra descritto, dopo il punto di turnover una certa fascia di frequenza era incisa a velocità costante e qui la curva di equalizzazione era piatta e dopo un nuovo punto, detto *rolloff*, le alte frequenze erano incise ad ampiezza costante ma ad una ampiezza assai minore per ridurre i problemi di tracciamento. Dato che con l'aumentare della velocità si sarebbe avuto un incremento del volume si introdusse, dal punto di rolloff in poi, un progressivo decremento del volume, e cioè l'opposto di quanto succedeva sulle basse frequenze.

La nuova curva di equalizzazione era dunque formata da un decremento dal volume massimo allo zero delle basse frequenze fino al punto di turnover, una fascia piatta tra il punto di turnover e quello di rolloff e, dal punto di rolloff in poi, un progressivo decremento del volume delle alte frequenze.

Questa curva teorica ha, nella realtà, una forma più morbida dettata e dai limiti fisici dei circuiti di equalizzazione e da motivi di piacevolezza del suono.

Le curve introdotte da quel momento, fin'anche la curva RIAA oggi in uso per i dischi in vinile, seppure diverse nelle frequenze di turnover e rolloff e pur avendo livelli di volume differenti, seguono uno schema analogo. In un periodo più tardo, cosa valida anche per la curva RIAA, furono introdotti dei tagli sulle basse frequenze per ridurre il livello di rumore determinato dagli apparati di incisione e riproduzione.

Tra la fine degli anni '40 e i primi anni '50 vennero modificate molte curve a causa dell'ulteriore aumento della gamma di frequenze presente nelle registrazioni; aumento seguito all'adozione di punte di incisione calde in luogo delle precedenti punte fredde.

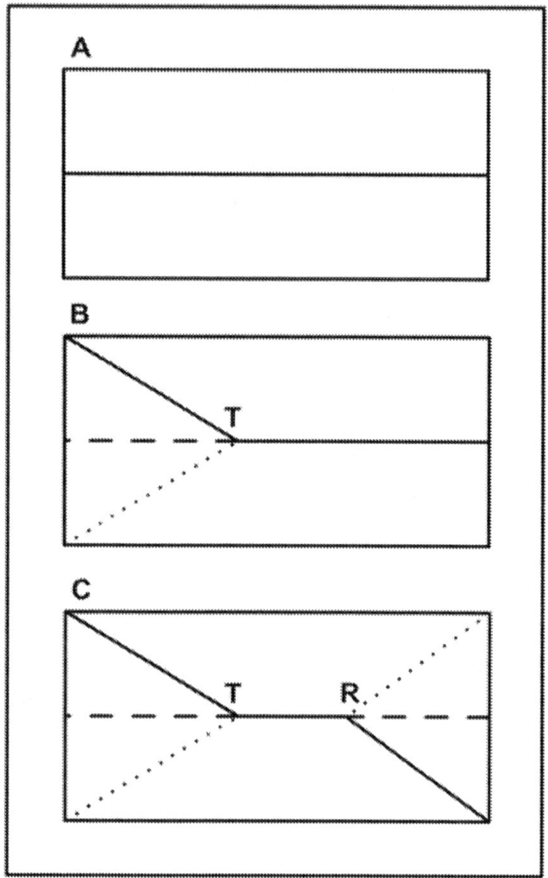

In questa immagine si può vedere (A) la curva di equalizzazione delle incisioni acustiche, ovvero la mancanza di qualsiasi correzione sui livelli del segnale; il primo periodo delle incisioni elettriche (B) con una curva che dal punto di turnover (T) verso le frequenze più basse incrementa progressivamente il volume delle basse frequenza incise ad ampiezza costante; da (T) in poi le frequenze sono incise a velocità costante. In (C) le curve di equalizzazione del periodo successivo, ivi compresa la curva RIAA, con l'aggiunta di una attenuazione dal punto di rolloff delle alte frequenze incise anch'esse ad ampiezza costante; le frequenze tra (T) ed (R) sono incise a velocità costante. Le correzioni (linea continua) servono a correggere quella che sarebbe altrimenti la risposta alle varie frequenze (punti) per raggiungere idealmente una risposta uniforme a tutte le frequenze (linea tratteggiata).

Compreso il funzionamento e i motivi dell'introduzione delle curve di equalizzazione[5], apparirà evidente come l'unico modo per ottenere una riproduzione con una risposta in frequenza, il più possibile regolare, sia utilizzare una curva speculare alle attenuazioni e agli incrementi realizzati in fase di incisione.

Molti, negli anni passati, consultando documenti tecnici dell'epoca, articoli e interviste, hanno portato avanti un ammirevole lavoro di documentazione e ricerca sulle curve di equalizzazione utilizzate dalle varie etichette nel corso del tempo. Oggi si può usufruire di questo grande patrimonio informativo, essenziale per una corretta riproduzione.

In questo senso il merito di quanto segue va a coloro che hanno portato avanti tali ricerche e a chi scrive solo quello di avere avuto la pazienza di raccogliere queste informazioni e cercare di sistematizzarle.

Essendo le fonti diverse, le curve sono state descritte in vario modo, o indicando il livello di attenuazione o di incremento per date frequenze, disegnando in modo abbastanza preciso la curva, o indicando la frequenza del punto di turnover e il livello di attenuazione a 10kHz del quale adesso si spiegherà il motivo.

Poniamo di avere a che fare con una curva descritta nei seguenti termini: turnover=500Hz e turnover=-5dB, come interpretare questa indicazione e perché le curve sono descritte così?

La descrizione delle curva con questi due parametri nasce dalla creazione di preamplificatori muniti di un comando per la frequenza di turnover (detto anche *Bass*) e uno per quello dell'attenuazione a 10kHz detto rolloff (o anche *Treeble* o *Treeble turnover*); sono poi i preamplificatori o gli stadi di equalizzazione a costruire la curva corrispondente.

Va detto che 10kHz non è il punto di rolloff, ma, sapendo il livello dell'attenuazione a quella frequenza, usando la tabella qui riprodotta si può ricavare il punto di rolloff.

---

[5] Per ulteriori approfondimenti si rimanda all'eccellente articolo di Gary A. Galo "Disc Recording Equalization Demystified" facilmente reperibile su Internet e raccolto anche nel volume "The LP is back" pubblicato da AudioXpress.

Tabella per il ricavo della frequenza di rolloff in base al valore dell'attenuazione a 10kHz	
Attenuazione a 10kHz	**Frequenza rolloff**
-5dB	6,8kHz
-8,5dB	4,0kHz
-10dB	3,3kHz
-12dB	2,5kHz
-13,75dB	2,122kHz
-14dB	2,05kHz
-15dB	1,8kHz
-16dB	1,6kHz
-20dB	1kHz

Continuando quindi col nostro esempio, che per inciso è la curva per i dischi Victor prodotti attorno al 1935, troviamo che la frequenza di rolloff è 6,8kHz che impostiamo a 0dB, utilizzando dunque un equalizzatore grafico, e sapendo che di solito attorno a 1kHz la curva è abbastanza prossima allo zero, possiamo andare a ricostruire seppure in modo orientativo, una curva dalla quale partire per l'equalizzazione del disco.

In molte curve alla frequenza di 50 Hz il guadagno è regolato tra +11 e +14 dB.

Posti questi punti si posizionano gli altri cursori in modo da creare una curva armoniosa e non troppo brusca.

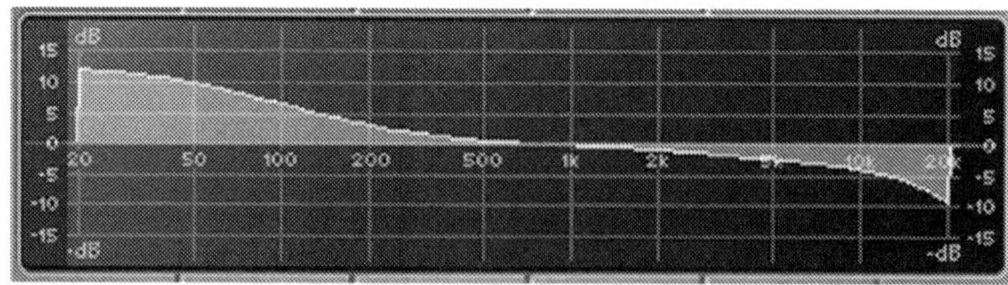

Ove si utilizzi un equalizzatore software l'equalizzatore stesso, per costruire la curva, inserirà un certo ammorbidimento della curva, operazione da fare invece manualmente se si usa un equalizzatore grafico hardware.

L'immagine seguente rende in modo piuttosto intuitivo l'idea della costruzione della curva effettiva partendo dalla curva teorica. La curvatura ha una progressione di circa 6dB per ottava.

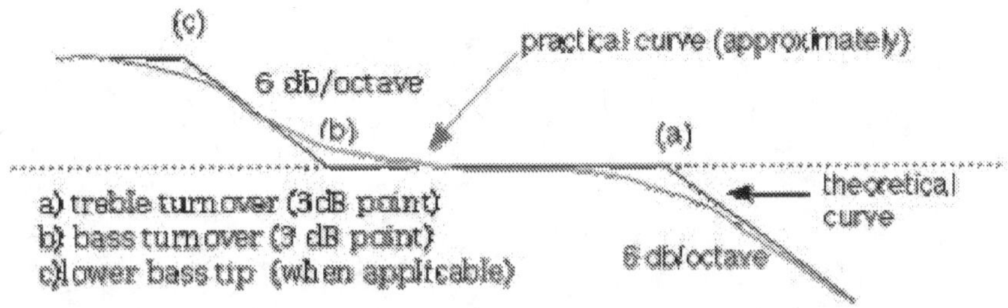

Immagine tratta da: http://www.rfwilmut.clara.net

Se non si vuole osare, ma si vogliono sperimentare solo risultati più precisi è opportuno utilizzare solo le curve delle quali si hanno sufficienti punti o orientarsi su equalizzatori dedicati ai formati storici dei quali si parlerà più avanti.

È certo innegabile che trovare curve descritte con una progressione di questo tipo (+11 at 50 Hz; +3 at 150 Hz; 0 at 300 Hz; 0 at 1.5kHz; -3 at 3.4 kHz; -6 at 7 kHz; -9 at 10 kHz) consente di generare curve più precise, in questo caso la curva Decca.

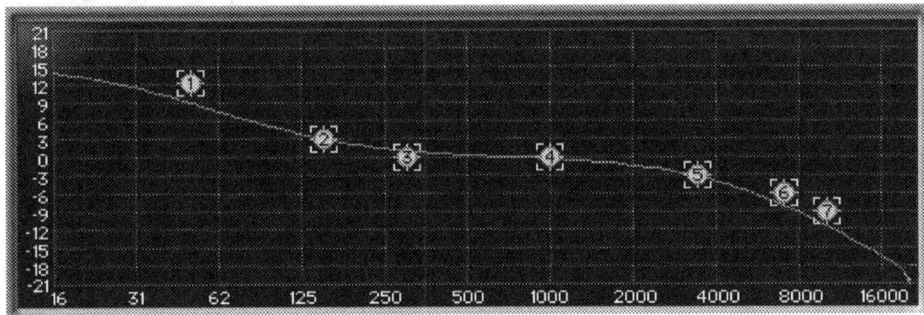

Per dare la possibilità a ogni lettore di sperimentare con la propria esperienza, in base al materiale a disposizione e al proprio gusto, si è scelto di raccogliere in appendice a questo lavoro un buon numero di curve, molte delle quali espresse con il metodo turnover e rolloff, altre con serie più o meno corpose di valori a frequenze date.

Buon divertimento.

IV. Le apparecchiature per la riproduzione

4.1 La puntina

Un elemento fondamentale per la corretta riproduzione dei dischi a 78 giri è quello della puntina; puntina che nel corso dell'evoluzione del formato ha cambiato le sue dimensioni, in relazione a quelle del solco, richiedendo a chi oggi voglia riprodurre i 78 giri alcune attenzioni.

L'uso di una puntina di dimensioni adeguate è fondamentale per la resa sonora poiché la dimensione della puntina determina i punti di contatto e la dimensione della superficie di contatto con il solco del disco.

La scelta va prevalentemente orientata verso le puntine troncate a sezione ellittica che consentono un ottimo tracciamento e, riducendo la superficie di contatto col disco, riducono anche il livello del rumore. Tali puntine permettono anche un minore livello di distorsione.

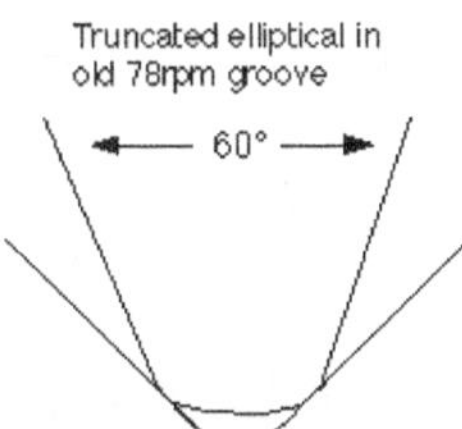

Immagine tratta da: http://www.rfwilmut.clara.net

L'evoluzione dei 78 giri ha visto il solco assottigliarsi progressivamente e questo fa sì che per una riproduzione ottimale si debba usare una puntina adeguata al disco da riprodurre; riprodurre un disco a 78 giri con una puntina per i dischi microsolco determinerebbe solo svantaggi. La puntina andrebbe a collocarsi alla base del solco per lei troppo ampio toccandone il fondo e le pareti con un rumore ad altissimo volume. Il segnale che la puntina potrebbe ricavare dalla base del solco sarebbe di volume così limitato da non superare quello del fruscio, inoltre la puntina per microsolco non può essere caricata col peso adeguato alla riproduzione dei 78 giri e qualora fosse utilizzata in queste condizioni avrebbe vita molto breve; infine data l'irregolarità della superficie dei solchi e l'alta velocità di rivoluzione, una puntina piccola tende a "pattinare" nel solco con traiettorie irregolari che aumentano la distorsione del suono.

La prima cosa da fare è, dunque, utilizzare puntine specificamente concepite per i dischi a 78 giri.

Quando questo formato di dischi uscì fuori produzione alla fine degli anni '50, si raccomandava l'utilizzo di puntine dal raggio 0,0025 pollici (0,063mm); ma se tali puntine andavano bene per i dischi prodotti nell'ultimo periodo lo stesso non accadeva per i dischi precedenti.

Oggi molti produttori di testine offrono una puntina per 78 giri, ma quale è il diametro di queste puntine e come è stato scelto?

Le puntine "generiche" per 78 giri più comuni hanno generalmente un raggio 0,003 pollici (0,076mm) di 0,0027 pollici (0,068mm).

Le puntine da 0,003 pollici tracciano con pienezza il solco tuttavia vanno in contatto col solco in zone già usurate dalle puntine d'epoca ed essendo spesso disponibili in forma di puntina conica rischiano di produrre distorsione e maggiore rumore durante la riproduzione.

Le puntine da 0,0027 pollici tracciano il solco in modo abbastanza stabile e scendendo poco più giù all'interno del solco possono ricavare il segnale da una fascia del solco possibilmente un po' meno usurata, poiché più in basso rispetto alla zona di contatto delle puntine d'epoca di circa 0,003 pollici, con una conseguente migliore resa sonora.

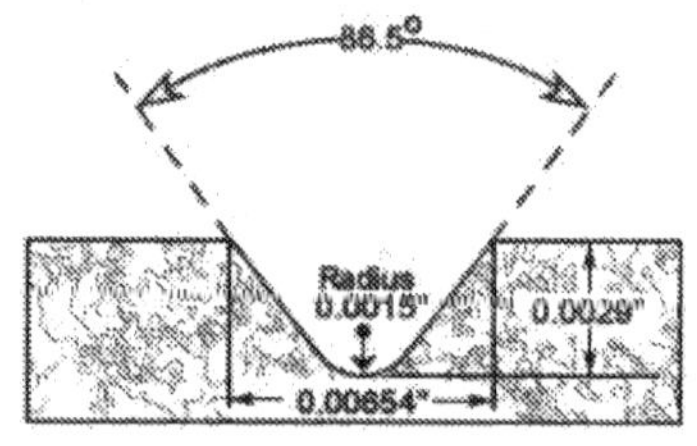

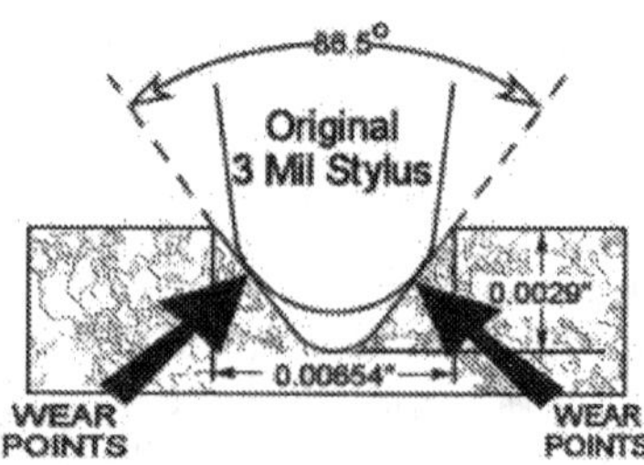

Una puntina da 0,003 pollici nel solco e i punti di contatto colle pareti del solco; questi sono i punti di contatto da evitare per la riproduzione. Immagine tratta da: http://www.kabusa.com

Queste puntine sono giù una buona risorsa per la riproduzione dei dischi a 78 giri in quanto permettono di tracciare il solco in modo abbastanza preciso e possono essere caricate con una pressione che può arrivare fino a 7 grammi, pressione indubbiamente irrisoria rispetto a quella dei pick up d'epoca, o ancor peggio delle testine acustiche, ma che, data l'evoluzione tecnica, consente una buona aderenza della puntina alla superficie del disco, una buona capacità di tracciamento e, in generale, una riproduzione dal volume e timbrica più corretta.

Ma dato che uno degli scopi di questo lavoro è avvicinarsi il più possibile a un uso in qualche modo "filologico" dei dischi a 78 giri è il caso di vedere come si possa andar ancora oltre nella scelta della puntina.

Naturalmente ciò che segue non vuole togliere nulla al piacere che può dare la riproduzione ottenuta utilizzando le puntine *genericamente* intese per i 78 giri e, anzi, nell'uso quotidiano dei 78 giri, che qui si auspica!, ciò che segue può essere assai meno pratico.

Tuttavia ove si volesse ottenere una riproduzione, sempre perfettibile, ma già molto raffinata o dove si debba procedere in modo professionale a riversare i documenti sonori sarebbe bene tenere in considerazione le seguenti possibilità.

Alcuni piccoli produttori portano avanti un prezioso lavoro di produzione di puntine realizzate seguendo l'evoluzione storica dei dischi a 78 giri.

Un esempio è costituito da Expert Stylus Co., con sede nel Regno Unito, che offre una gamma di puntine per 78 giri tra le più complete.

La gamma presenta due puntine a sezione ellittica e a sezione conica troncata per il periodo 1900-1930, con diametro rispettivamente da 0,004 per 0,002 pollici e da 0,0038 per 0,0018.

È poi disponibile una puntina a sezione ellittica non troncata da 0,0035 per 0,0017 specifica per i dischi 1900-1930 e per i dischi a incisione verticale.

Con queste tre puntine è coperta l'evoluzione dei dischi a incisione acustica.

Esistono poi una puntina ellittica troncata per il periodo 1930-1945 da 0,0033 per 0,0016 e una per il periodo 1945-1960 0,0028 per 0,0014.

Sono inoltre disponibili altre tre puntine per i transcription disc.

Queste puntine hanno un carico massimo che si aggira attorno ai 5 grammi, ma molto probabilmente l'ottimizzazione della forma e della dimensione della puntina compensa ampiamente.

Generalmente vengono realizzate per essere utilizzate su una testina Stanton 500, come si vedrà, ampiamente usata per il lavoro sui formati storici, ma, è comunque possibile richiedere la realizzazione di prodotti personalizzati.

Va detto che il costo di queste puntine non è affatto basso ma, data l'importanza del lavoro portato avanti da Expert Stylus e la loro durata che è abbastanza lunga, si tratta di un investimento che può essere preso in considerazione e che paga con la maggiore qualità della riproduzione.

Esistono molte altre proposte, l'importante è scegliere in modo razionale e in proporzione alle proprie esigenze e obiettivi.

Sicuramente munirsi di una puntina ellittica troncata per 78 giri da 0,0027 pollici è un ottimo inizio e dà già grandi soddisfazioni!

4.2 La testina

La scelta della puntina e la qualità della riproduzione dipendono in modo evidente dalla testina che si sta utilizzando.

In primo luogo una precisazione sulla riproduzione: i dischi a 78 giri non vanno riprodotti in stereo, infatti le testine stereo sono concepite per raccogliere due distinti segnali dalle due pareti di un solco inclinate a 45 gradi; l'uso di una testina stereo, che è ibrida, su un disco a 78, monofonico e con una incisione laterale porterebbe a un risultato scorretto.

Il segnale sarebbe rilevato dalla puntina una sola volta ma il disturbo sarebbe rilevato due volte, in stereo appunto, con un volume che spesso sopravanza quello dello stesso segnale rendendo l'ascolto insoddisfacente, poco dettagliato e terribilmente faticoso.

Bisogna dunque fare in modo che la testina utilizzi solo le informazioni ricavate dagli spostamenti laterali della puntina ma non da quelli verticali.

Esistono due modi per ottenere questo scopo: utilizzare una testina monofonica o utilizzare una testina stereofonica cablata in mono.

L'uso di una testina mono o cablata in mono consente una riduzione del rumore anche del 50%!

Il problema non è quindi che l'amplificazione sia in mono, ma che la lettura del disco avvenga in mono, infatti, anche con un amplificatore stereo, si otterrebbe un *dual mono*. Se si usasse una testina stereo e poi si commutasse il segnale in mono, il rumore si sposterebbe al centro dell'immagine stereofonica, come il segnale, ma non diminuirebbe.

Si può scegliere di utilizzare testine vintage, ma, sorvolando sul fatto che alcune testine vintage non sarebbero compatibili con gli impianti odierni, il fascino dell'oggetto sarebbe maggiore dei benefici recati dall' utilizzo di una moderna testina più sensibile.

In commercio sono disponibili diverse testine monofoniche sia a magnete mobile che a bobina mobile.

Le maggiori marche hanno numerosi modelli dai diversi costi e caratteristiche.

La Shure produce una testina che, nell'ambito dell'uso dei formati storici, è abbastanza apprezzata ed ha un costo accessibile, la M 78-S per la quale esiste una puntina per 78 giri; altri consigliano anche la SC35C non monofonica e la M 75-3 (più economia della M 78-S ma dalle prestazioni inferiori).

Audio Technica propone le testine AT-78, variante della AT91, e la AT-Mono 3/SP mentre Denon propone la 102 Moving Coil.

Ortofon propone una gamma estremamente assortita di testine dedicate con la accessibile OM 78 Super, la Concorde Pro 78 e la bellissima serie delle SPU Mono, testine molto affascinanti ma dal costo elevato, per chi non sa rinunciare al fascino vintage, alcune testine di questa serie hanno anche un bel corpo in bachelite. Nagaoka propone solo delle puntine apposite per le sue testine.

C'è poi la Stanton che propone puntine 78 giri per le sue serie 500, 600 e 800, non monofoniche.

Queste, come le precedenti, sono per lo più puntine "generiche" per 78 giri.

L'acquisto di una Stanton 500 offre il vantaggio di potere usufruire dei molti prodotti custom made già in circolazione, come le puntine Expert Stylus.

La Stanton 500 è una testina ampiamente usata per il lavoro sui formati storici per la sua resa sonora e versatilità e viene usata anche negli *studios* cinematografici a questo scopo.

In ogni caso, molti storceranno il naso, è forse consigliabile orientarsi verso testine da applicare su shell intercambiabili per potere con agilità passare da un formato all'altro.

Spesso si parla di giradischi dedicati al 78 giri ma è probabile che ove si decida di usare un giradischi solo al 78 giri si possa anche desiderare avere puntine diverse per i diversi dischi, o per i dischi a incisione verticale, e il problema della facilità di sostituzione torna; quindi anche in caso di giradischi dedicato, almeno per quello, è forse opportuno usare shell intercambiabili.

Se poi proprio non si volesse cedere ai difetti degli shell intercambiabili, e ove non si ascoltino dischi a incisione verticale, si potrebbe usare un giradischi dedicato con una apposita testina per la quale si possiedano diverse puntine adatte al disco da ascoltare.

Si può anche ricorrere a una testina collegata poi a un preamplificatore con un selettore orizzontale/verticale.

Qualche lettore attento avrà notato come tra le testine citate fino ad adesso vi siano delle testine non mono come le Stanton.

Infatti una soluzione interessante che può unire la possibilità di usare puntine specifiche con la riproduzione monofonica è quella di cablare in mono una testina stereo, operazione infinitamente più semplice di quanto potrebbe apparire e che permette di adeguare le proprie testine anche alla riproduzione di dischi a incisione verticale che non possono essere letti con una testina installata normalmente.

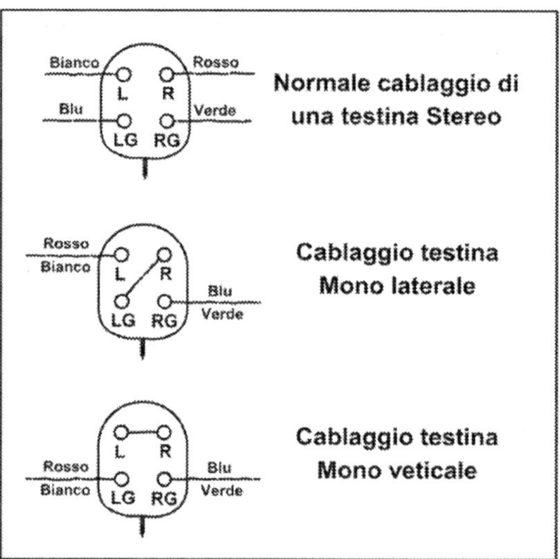

In questa illustrazioni dall'altro in basso: il normale cablaggio di una testina stereo; il cablaggio di una testina stereo per le incisioni mono laterali; il cablaggio di una testina stereo per le incisioni mono verticali.

4.3 Il giradischi

La maggior parte dei giradischi attualmente in commercio, come in generale quelli prodotti negli ultimi decenni, non si presta alla riproduzione dei dischi a 78 giri.

Il problema fondamentale di questi strumenti è fondamentalmente quello della mancanza della velocità a 78 giri e, ove presente, spesso dell'impossibilità di regolarla.

L'idea di una velocità fissa a 78 giri presenta problemi analoghi a quelli della creazione di una puntina per 78 giri intesa per lavorare su ogni disco: sono frutti di una ricerca di standard esatti, applicata a una realtà che standardizzabile non è.

Tuttavia se, come si è detto, una puntina per 78 giri può dare risultati accettabili su diversi tipi di supporti, lo stesso non si può dire della velocità. È già stato detto come la velocità di rivoluzione nella riproduzione di un disco possa determinare una percezione del tutto errata del contenuto, appare dunque di tutta evidenza la necessità di possedere uno strumento che consenta di intervenire su questa variabile.

Sorprende che marchi storici dell'hi-fi propongano sul mercato giradischi, venduti a prezzi più elevati, muniti di velocità 78 giri senza alcuna possibilità di intervento sulla velocità.

Vediamo alcuni di questi giradischi.

La Pro-Ject, alla quale spesso si guarda con attenzione per la serie Debut, propone diversi giradischi con la possibilità di potere riprodurre i 78 giri. Tale velocità si ottiene sollevando il piatto e sostituendo con uno strumento in dotazione la puleggia di serie; dopo questa operazione il giradischi andrà a 78 giri, ma non sarà, comunque, possibile modificare la velocità; appare inoltre difficile che qualcuno sia disposto a fare tutta l'operazione ogni volta che sia necessario cambiare velocità.

La Thorens produce diversi giradischi muniti di velocità 78 giri quali TD 179, TD 190, TD 240, TD 295, tutti con velocità fissa; è poi interessante come nei giradischi Thorens di fascia più alta non si parli neppure di 78 giri.

La Rega produce il Planar 78, discendente del Planar 2, anche in una versione dotata di una bella testina monofonica. Il giradischi della Rega merita un discorso a parte. Non si può che apprezzare la scelta di commercializzare un giradischi dedicato a questo straordinario formato e oggetto di alcune modifiche strutturali mirate all'uso per 78 giri. Ma si pone la domanda: perché non dare all'utente, che volesse farlo, la possibilità di intervenire sulla velocità?

In molte recensioni di questo interessante strumento si parla dell'impossibilità di determinare la velocità corretta per il disco, salvo avere la partitura o sapere se il pezzo sia stato arrangiato in modo diverso o conoscere il diapason usato. Il che equivale a sentenziare l'impossibilità dell'operazione.

Come già detto si tratta di una operazione effettivamente difficile e che presenta comunque ampi margini di dubbio nei risultati; tuttavia in molti casi, pur non conoscendo la velocità corretta, ci si può incamminare sulla buona strada: una migliore intelligibilità delle incisioni vale il tentativo. Va comunque apprezzata l'idea della Rega di riportare l'attenzione su questo formato.

Tralasciamo le proposte di coloro che parlano di una correzione digitale della velocità (correggere un disco riversato a 45 giri verso una velocità probabilmente sbagliata è il massimo, dato che si introducono anche le alterazioni dovute alle interpolazioni digitali) anche perché negano quella cosa fondamentale che è il rapporto col disco e l'ascolto dal disco originale.

È poco probabile che qualcuno accetterebbe supinamente di sentire un 45 giri riversato a 33 di cui sia stata poi aumentata la velocità.

Si potrebbe obiettare che la velocità a 45 è disponibile sui giradischi moderni; tuttavia non è il caso di penalizzare tutto il formato a 78 giri solo perché molte aziende hanno deciso che non interessava loro più la velocità a 78 giri. I giradischi che girano a 78 giri esistono, come si è visto, ed esistono anche quelli che lo fanno consentendo di variare la velocità.

Per potere operare con una certa libertà è opportuno scegliere giradischi che abbiano una variazione della velocità almeno del ± 10%.

Esistono due possibilità: rivolgersi al mercato dei giradischi d'epoca o guardare ai margini del mondo hi-fi. E qui alcuni parleranno, forse, di eresia.

Guardando al passato sicuramente si può prestare attenzione ai Garrard, ai Lenco come L75 dotato di un sistema che consente un continuum di velocità da 16 a 90 giri al minuto, vari giradischi Goldring-Lenco così come alcuni Thorens.

Guardando alla produzione corrente si possono trovare dei giradischi che offrono possibilità di controllo pressoché assolute, prodotti da case specializzate in giradischi per usi professionali, alias club e Dj.

Tuttavia è bene fare subito delle precisazioni. Non si suggerisce affatto di raccogliere tutto quanto viene da un mondo che di solito gli audiofili guardano con sospetto (eufemismo), quanto di vedere cosa può dare di buono chi produce macchine dotate di grande versatilità e che sono concepite per soddisfare esigenze sempre nuove.

Probabilmente alcuni giradischi di alta fascia, di produttori come Stanton, hanno qualcosa da dire; un esempio per tutti lo ST-150: un giradischi di costruzione solidissima, con braccio a "S" regolabile assai facilmente, cosa cui badare se si cambia spesso formato, dotato di una meccanica silenziosa e di un piatto a trazione magnetica. Probabilmente uno dei più interessanti epigoni del Technics 1200 che pure non ha il 78 giri. Questo giradischi consente un controllo molto buono della velocità ed è ovviamente bel lieto di lavorare con le testine Stanton delle quali si è parlato.

Altri produttori hanno inserito nei loro giradischi professionali la velocità 78 giri e sono, ovviamente, dato l'ambito d'uso, tutti dotati di controllo fine della velocità ma non sempre la costruzione è soddisfacente. Ci sono anche casi nei quali si ha il sospetto che si voglia dare troppo per troppo poco, come ad esempio misteriosi preamplificatori integrati, nulla di più lontano dal modus operandi dell'audiofilo. Ci sono esempi di giradischi predisposti per il remastering con un modulo A/D integrato come i Numark. La scelta oculata dei singoli componenti resta l'opzione preferibile.

Esistono anche altre soluzioni a metà strada e qui non si può che citare KAB che opera da tempo nell'ottica dell'uso e della conservazione dei formati storici.

KAB offre una versione *customized* del Technics 1200 utilizzabile sia per ambiti professionali, ad esempio remastering, sia per uso personale.

Più di un giradischi interessante produce la Vestax che, quasi ispirandosi al Lenco sopra citato, propone, tra gli altri, il BDT2600 che consente una variazione della velocità da 16 a 96 giri al minuto; su questo sempre KAB ha sviluppato il suo interessante KAB Transcriber II che consente di lavorare con dischi di diametro insolitamente grande, oltre a consentire la stessa variazione di velocità; una proposta interessante per chi lavora anche sui trasnscription disc.

Derivati dai giradischi per uso professionale esistono diversi prodotti economici, ma la ricerca della velocità esatta non deve spingere a rinunciare a una buona qualità dello strumento nel suo complesso.

4.4 Denoiser e declicker

Come si è detto uno dei maggiori punti deboli del formato 78 giri è il rumore di fondo dovuto alla composizione della mescola dei dischi stessi.

Il rumore di fondo è stato poi "arricchito" e aggravato nella sue conseguenze dall'usura e dal normale degradarsi dei materiali, tanto da risultare talora piuttosto fastidioso e, in alcuni casi, tale da compromettere una buona intelligibilità delle registrazione.

Si è visto come l'adozione di puntine apposite, l'uso di testine monofoniche e una buona pulizia del disco possano ridimensionare in modo molto significativo il problema del rumore.

Tuttavia una certa quantità di rumore rimane e gli accorgimenti fin qui citati non consentono di intervenire sui click e su altri problemi derivanti dall'usura o dal danneggiamento del supporto.

Nella pratica è spesso capitato, a chi scrive, di discernere con chiarezza in registrazioni mediamente rumorose cose e strumenti che persone non avvezze all'ascolto di registrazioni storiche non percepivano neppure; talora il rumore può essere facilmente ignorato nel complesso di una buona riproduzione.

Comunque sia, dato che, in ogni caso, il rumore può ingenerare stanchezza nell'ascolto e, talora, avere livelli troppo elevati, si può ricorrere ad alcuni strumenti dedicati; rimane tuttavia la raccomandazione di usare gli strumenti di riduzione del rumore il meno possibile e, in caso di utilizzo, intervenire nel modo più "leggero", per evitare lo snaturamento del suono tipico di molti riversaggi.

In caso di fruscii sulle alte frequenze, dove spesso tendono a concentrarsi, si può adottare un filtro passa-basso per ridurre, in modo variabile da disco a disco, una parte del rumore.

Esistono poi soluzioni più ricercate che permettono di intervenire su fasce più ampie dello spettro; alcune di queste soluzioni, spesso completamente analogiche, sono reperibili, per gli affezionati dell'autocostruzione, in forma di schemi su Internet. Esistono, poi, prodotti commerciali, di cui adesso si parlerà, che hanno talora costi alquanto elevati.

Per cominciare i sistemi Cedar che non hanno bisogno di presentazione; tra gli altri, Cedar, propone un De clicker e un De hisser, per coloro che fossero interessati alla coppia vanno preventivati almeno 14.000 Euro; i prodotti Cedar, va specificato date le premesse, intervengono digitalmente sul segnale. Naturalmente quelli citati sono solo alcuni dei prodotti proposti per il restauro del suono; Cedar, anche se in questa sede non se ne parla, produce interessantissimi software.

Il Packburn è uno strumento analogico in grado di comparare i due lati di un solco e, di istante in istante, riprodurre quello più silenzioso; uno strumento molto interessante dal prezzo di circa 2.500 Euro.

Sulla stessa fascia di prezzo si situa ELP declicker prodotto dalla stessa azienda giapponese che produce il Laser Turntable; l'uso di questo strumento è piuttosto semplice poiché possiede solo una manopola da usare per calibrare l'entità dell'intervento sul segnale; anche questa unità elabora digitalmente il segnale e poi lo restituisce con un convertitore D/A.

Esistono naturalmente anche soluzioni alla portata dell'utente medio.

Scendendo sensibilmente di prezzo e attestandosi sui 500 Euro troviamo una proposta di Esoteric Audio che propone un Surface Noise Reducer che tuttavia, nei dati dichiarati dal produttori, sui dischi "vintage" (definiti così) ha una effettività del 15-30%.

Per circa 600 Euro Rek-o-Cut propone un De Hisser che ha delle funzioni interessanti quali scelta del canale più silenzioso, nel caso dei dischi monofonici la parete più silenziosa del solco, a cui si aggiungono un dehisser e un lo-cut per ridurre il rumore in dischi con molto *rumble*.

Esiste poi una proposta di KAB della quale si parlerà nel prossimo paragrafo.

In generale va ricordato come queste apparecchiature di riduzione del rumore vadano messe in cascata tra il preamplificatore e l'amplificatore o la scheda di acquisizione, salvo ovviamente indicazioni diverse del costruttore.

4.5 Preamplificatori

Chiariti in precedenza i problemi dell'equalizzazione dei dischi a 78 giri è evidente come non sia possibile utilizzare per la riproduzione i comuni preamplificatori che operano generalmente la correzione RIAA al segnale e che, il più delle volte, non consentono di passare dalla modalità stereo a quella mono.

Si possono seguire due strade possibili: utilizzare un preamplificatore lineare mono che non apporti correzioni al segnale e farlo seguire da un buon equalizzatore oppure utilizzare i preamplificatori specifici in commercio.

La prima soluzione, che richiede tuttavia la presenza di un equalizzatore a valle, può rivelarsi pratica esistendo molti preamplificatori lineari mono anche in kit.

In commercio esistono poi alcuni interessanti prodotti.

Millennia propone il suo LPE-2 Analog Legacy Archival Playback Environment, unità di equalizzazione molto sofisticata con ben 49 preset di equalizzazione e una circuitazione in classe A.

Il prezzo di questo prodotto rispecchia le raffinate prestazioni: circa 9000 Euro.

Poi due prodotti che nella loro fascia di prezzo sono probabilmente due top di gamma l'Elberg MD12 MKII e il KAB Souvenir Eqs MK12.

Il primo è uno stadio preamplificatore con la possibilità di usare le curve di equalizzazione per LP e 45 giri come la RIAA, CCIR, NAB, ecc ma anche con tutta una serie di 12 curve per la riproduzione dei 78 giri, divise per etichette di produzione ivi compresa una non-equalizzazione per incisioni acustiche. Presenta, inoltre, un selettore stereo/mono e uno per le incisioni verticali/orizzontali più un controllo del balance e la regolazione dell'impedenza per il segnale in entrata.

Similare il KAB che presenta anch'esso carico regolabile, selettore mono/stereo e verticale/laterale, controllo del guadagno e possiede un filtro antirumble; diversa l'impostazione dell'equalizzazione concepita come un continuum cronologico: 11 curve di equalizzazione per un periodo che va dal 1900 al 1955 con il RIAA.

Questi apparecchi hanno un costo orientativo di 1.600 Euro il primo e 1.400 Euro il secondo.

Attorno ai mille Euro troviamo, proposto da Graham Slee Projects, il Jazz Club Phono Stage. Un prodotto dalle caratteristiche sonore molto buone e in grado di realizzare una quindicina di curve di equalizzazione. Il Jazz Club ci introduce in una nuova categoria di preamplificatori con equalizzazione o di stadi di equalizzazione per il remastering: anziché dei preset pronti si usano dei selettori per costruire con due o tre manopole le curve di equalizzazione indicate in apposite tabelle.

Con questo sistema funzionano due stadi di equalizzazione lo Smart phono remastering equalizer RME 1950 e il similare Esoteric sound re-equalizer II, entrambi sono dotati di due manopole, una per il turnover e una per il rolloff, grazie alle quali è possibile settare la curva di equalizzazione desiderata. Hanno un costo il primo intorno ai 300 Euro e 350 Euro il secondo.

Esiste poi una proposta low budget che lascia però qualche perplessità il TCC TC-778, variante dell'apprezzato TTC TC-760LC, e il suo clone Rek-o-Kut Audiophile Archival Preamp. Questi due preamplificatori hanno un selettore con le opzioni RIAA e 78, benché il costo, davvero basso, si attesti sui 70 Euro (è il primo prodotto con un prezzo a due cifre) una generica curva 78 giri lascia le stesse perplessità delle generiche puntine 78 giri.

Vi sono anche progetti per l'autocostruzione come quello di un interessante preamplificatore con 12 curve per i vari tipi di dischi, lo si trova all'indirizzo http://www.rfwilmut.clara.net.

C'è poi la possibilità di recuperare dei pre vintage muniti di tali comandi. È sicuramente preferibile scegliere apparecchi con regolazione del bass (turnover) e del treeble (rolloff) anziché generici controlli di tono.

In rete sono altresì facilmente reperibili schemi di elettroniche *d'antan*.

Appendice

Appendice

Curve di equalizzazione dei dischi a 78 giri.

Le curve qui proposte sono state raccolte da diversi testi e siti citati in calce, nonché da appunti personali. La pubblicazione, sistematizzata per etichette e in ordine alfabetico, ha il solo scopo di agevolare la consultazione e non pretende di essere esaustiva o priva di errori.

Per le curve espresse indicando la frequenza di turnover e il valore dell'attenuazione a 10kHz si faccia riferimento alla tabella di pagina 42 per determinare la frequenza di rolloff.

Le etichette per le quali sono documentate molte curve sono indicate in carattere maiuscolo grassetto.

Ove si riscontrino più valori di turnover e di rolloff essi vanno associati nell'ordine nel quale sono scritti (ad esempio prima frequenza turnover primo valore di rolloff).

Le diciture sottolineate, ad esempio Decca FFRR, indicano curve descritte con valori precisi per frequenze date e dunque non solo mediante i valori di turnover e rolloff)

Alla fine sono riportare anche delle impostazioni generali utilizzabili in mancanza di scelte più specifiche.

Acustiche (incisioni)	0 Hz	0 dB
Artist	500 Hz	-16 dB
Audiophile	300 Hz	-10 dB
Balkan	500 Hz	-5 dB
BBC Transcription	300 Hz	0 dB
Berliner	0 Hz	0 dB
Bluebird	cfr RCA Victor	cfr RCA Victor

Blumlein

(25 Hz+15; 50 Hz+12; 125 Hz+6; 250 Hz+3; turnover 500 Hz; rolloff 0dB)

BRUNSWICK

Brunswick	500 Hz	0 dB
1925	300 Hz	0 dB
1946	500 Hz	-16 dB
1946-1954	629 Hz	-12 dB

BSI

I

(25 Hz+17; 50 Hz+14; 120 Hz+6; 350 Hz+3; turnover 700 Hz; rolloff 1,5 kHz; 3,2 kHz-3; 6,5 kHz-6; 10 kHz-10)

II

(50 Hz+14; turnover 250 Hz; rolloff 3,18 kHz; 10 kHz -14)

CAPITOL

1942	400;375 Hz	-12 dB
<1954	800 Hz	-10 dB
Capitol(FDS)	400 Hz	-12 dB
Capitol-Telefunken	500 Hz	0 dB
CCIR	350 Hz	-10 dB

COLUMBIA

1925	300;200;250; Hz	0;-7;-8,5 dB
1938	300;250 Hz	-5;-13 dB
1940*	300;500 Hz	0 dB
1948	300 Hz	-16 dB
Inglesi (1925-1953)	250; 300 Hz	0 dB

Per i dischi Columbia Inglesi con © vicino al numero di matrice si possono usare anche la curva Westrex; quelli con "w" al posto della "c" la curva Blumlein.

Concert Hall	500 Hz	-5 dB

CORAL

Coral	400 Hz	-12 dB
1946-1953	629 Hz	-12 dB

DECCA

<1935	500 Hz	0 dB
1935	400; 375 Hz	-12 dB
Stati Uniti (<1946)	300 Hz	0 dB

[Decca continua]

1946	500 Hz	-16 dB
Decca inglesi	300 Hz	0 dB

Decca

I

(50 Hz+11; turnover 150 Hz; rolloff 3,4 kHz; 10 kHz -9)

II

(50 Hz+11; 150 Hz+3; turnover 300 Hz; rolloff 1,5 kHz; 3,4 kHz-3; 7 kHz-6; 10 kHz-9)

Decca-FFRR (1944)	300 Hz	-5 dB
Decca FFRR (1949)	250 Hz	-5 dB
Decca-FFRR (1951)	300;250 Hz	-14 dB
Decca-FFRR (1953)	450;500 Hz	-11;-8,5 dB

Decca FFRR

I

(50 Hz+12; 150 Hz+3; turnover 300Hz; rolloff 1kHz; 3,4 kHz-3; 7 kHz-6; 10 kHz-9)

II

(50 Hz+13; turnover 300 Hz; rolloff 6,36 kHz; 10 kHz-5)

Dial	500 Hz	-16 dB
Deutsche Gramophone	300 Hz	-5 dB
Edison	0 Hz	0 dB

Electrola	700;800 Hz	-10 dB

EMI

1931	250 Hz	0 dB
Pre-1945	300 Hz	0 dB
1931-1953	300 Hz	0 dB
>1953	500 Hz	-12 dB

Gramophone	300 Hz	-10; 0 dB
Hit Of The Week	500 Hz	-5 dB

HMV (Inglesi)

1925-1946	300 Hz	0 dB
1931	250 Hz	0 dB
1946	400 Hz	-10 dB
1946-1954	500 Hz	-16 dB

Per i dischi con un ▲ vicino al numero di matrice si può altresì usare la curva Westrex; per quelli con ■ la curva Blumlein; per quelli con ◊ (produzione americana) la curva Westrex. Queste curve sono alternative a quelle sopra indicate che restano comunque valide.

Improved Record**	0 Hz	0 dB
(Eldridge R. Johnson)		
Keynote	500 Hz	0;-16 dB
King	500 Hz	-16 dB
Linguaphone	300 Hz	0 dB

LONDON

Pre 1944	300 Hz	0 dB
FFRR (>1944)	300 Hz	-5 dB
London FFRR (1949)	250;300 Hz	-5 dB
Majestic	375;400:500 Hz	-16 dB

MARSH Electrical

Autograph	1000 Hz	0 dB
Marsh Laboratories	1000 Hz	0 dB
Mercury	400 Hz	-12 dB
MGM	500 Hz	-12 dB
Musicraft	700;800 Hz	-13,7;-12 dB

NAB

Transcription	500 Hz	0;-16 dB

[NAB continua]

Transctiption verticali	400 Hz	-16 dB

NARTB

Transcriptions	500 Hz	-16 dB
vertical transcriptions	400 Hz	-16 dB

ODEON

Primi elettrici	700 Hz	0 dB
<1947	300 Hz	0 dB
Okeh (elettrici)	300 Hz	0 dB

ORTHOACOUSTIC

Transcriptions	500 Hz	0;-16 dB
Pre-1947	300 Hz	0 dB
1947-1954	300 Hz	-10 dB

PARLOPHONE

1925-1953	300 Hz	0 dB
1949-1953	500 HZ	0 dB
Polydor	300 Hz	-10 dB

RCA Victor

Primi acustici**	0 Hz	0 dB
Acustici successivi	0 Hz	0 dB
1925 (elettrici)	200;300;500 Hz	-7;0;-8,5 dB
1935	300;500 Hz	-5 dB
1938-1952	500 Hz	-5 dB
1938-1947	500 Hz	-7;-8,5 dB
1947-1952	500 Hz	-12 dB
1938-1954	500 Hz	-8 dB

[RCA Victor continua]

1930-50 (europei)	300 Hz	0 dB
Orthophonic	500 Hz	-11;-8,5 dB
New Ortophonic >1952	500 Hz	-12 dB
Supraphone	400 Hz	0 dB
Technicord	700;800 Hz	-12 dB
Telefunken	400 Hz	-5;0 dB
Transcriptions (alcuni pre-WWII)	300;500 Hz	0 dB
Ultraphone	400 Hz	0 dB
Universal	350 Hz	0 dB
Victor (tutti)	cfr RCA Victor	cfr RCA Victor
Vocalion (elettrici)	300 Hz	0 dB

WESTERN Electric / Westrex

Western Electric (primi)	300 Hz	0 dB

<u>Westrex (Western Electric inglesi)</u>

I (30 Hz+18; 50 Hz+15; 62 Hz+12; 125 Hz+6; 250 Hz+3; turnover 500Hz; rolloff 0 dB)

II (50 Hz+15; turnover 200 Hz; rolloff 0 dB)

ZONOPHONE

Primi zonophone**		0 Hz	
0 dB			
Zonophone	300 Hz	0 dB

* Solo dischi di produzione inglese

** La velocità di questi dischi, sensibilmente più bassa, si attesta sui 71 giri.

ALTRE INDICAZIONI

INCISIONI ELETTRICHE

1925-1938	300 Hz	0 dB
1932-1938	300;500 Hz	0 dB
1938-1946	300;500 Hz	0;-5 dB

1947-1954	300;500 Hz	-16 dB
Dischi europei	300 Hz	-5 dB
Registrazioni casalinghe	500 Hz	-5 dB

Le curve di equalizzazione qui presentate sono ricavate da appunti personali e dalle seguenti fonti:

www.shellac.org;

www.rfwilmut.clara.net;

www.geocities.com/midimagic@sbcglobal.net;

Il manuale del Millennia LPE-2;

Il manuale del Rek-O-Kut Re-equalizer;

La recensione di G. Galo sul K-A-B Souvenir EQS MK12 Disc Remastering Preamplifier su AudioXpress, ottobre 2002;

"Disc Recording Equalization Demystified" di Gary A. Galo;

Riferimenti

Riferimenti

Fonti bibliografiche

AA. VV., *Audio Handbook*, voll. 1 e 2, Nuova Elettronica, Bologna, 2000

AA. VV., *Enciclopedia della musica – Il novecento*, Einaudi, Torino, 2001

Caula G. A., *Storia del grammofono*, Francesco Casanova Editore, Torino, 1996

Chion M., *Musica, media e tecnologie*, Il Saggiatore, Milano, 1996

Colombo F., *Gli archivi imperfetti*, Vita e pensiero, 1986.

Galo A. G., *Disc Recording Equalization Demystified* da *The LP is Back*, AudioXpress, USA.

McWilliams J., The Preservation and Restoration of Sound Recordings, American Association for State and Local History, Nashville, 1976

Manfredi C. – Manfredi G., *Piange il grammofono*, Lato Side Editori, Roma, 1982

Morton D., *Off the Record: The Technology & Culture of Sound Recording in America*, Rutgers University Press, 2000

Morton D. L. Jr., *Sound Recording: The Life Story of a Technology*, Johns Hopkins University Press, 2006

Pickett A. G., Lemcoe M. M., *Preservation and Storage of Sound Recordings*, Association for Recorded Sound Collections, Kansas City, 1991

Sibilla G., *L'industria musicale*, Carocci, Roma, 2006

Lavagna P., *Guida alla copia e al restauro dei documenti sonori*, Conservatorio "L. Cherubini", Firenze, 2006

Tatnall Camby E., Burcke C. G., Kolodin I., *The Saturday Review Nome Book of Recorded Music and Sound Reproduction*, Prentice-Hall, Englewood Cliffs, 1956

Articoli

AA. VV., *An Introduction to Vibro-Acoustic Engineering*, su www.victor-victrola.com

AA. VV., *Basics to the Acoustic Phonograph*, su www.victorvictrola.com

AA. VV., *History of the Victrola*, su www.victor-victrola.com.

Edie P.C., *Acoustic Performance of Victrola Horns*, 2000

Edie P.C., *Fundamentals of Acoustic Horns*, 1998

Edie P.C., *Performance Differencies between Victrola Soundboxes*, 1998

Galo A. G., Recensione sul K-A-B Souvenir EQS MK12 Disc Remastering Preamplifier su *AudioXpress*, ottobre 2002.

Shannon C., *A Mathematical Theory of Communication*, in *The Bell System Technical Journal*, vol. 27, pag. 379, luglio 1948

St. Lauren G., *The Care and the Handling of Recorded Sound Materials*, National Library Of Canada

Manuali

Nimbus Records, *Prima Voce, Complete Catalogne 2006*, 2006

Manuale del Millennia LPE-2.
Manuale del Rek-O-Kut Re-equalizer.

Riferimenti sitografici
www.78online.com
www.78rpm.hovers.nl
www.78rpmrecord.com

audio-restoration.com

www.bill78.btinternet.co.uk

www.dismuke.org

www.enhancedaudio.com

www.esotericsound.com

www.geocities.com/midimagic@sbcglobal.net

www.library.yale.edu/cataloging/music/78sources.htm

members.tripod.com/~Vinylville/faq-9.html

www.menloparkmuseum.com

www.phonofan.com

www.player-care.com/reprduce.html

www.radiodantan.it

www.restoring78s.co.uk

www.rfwilmut.clara.net

www.shellac.org

www.schellacks.de

www.spie.org

stereos.about.com/cs/glossaryandtools/g/78rpm_record.htm

www.suonoecomunicazione.com

wwwsys.informatik.fh-wiesbaden.de/weber1/grammo/hobbies.html

www.tedstaunton.com

www.victor-victrola.com

www.vitaphone.org